"互联网+"时代下高校
教育管理的创新性发展研究

邱杨 王辉 著

中国海洋大学出版社
·青岛·

图书在版编目 (CIP) 数据

"互联网 +" 时代下高校教育管理的创新性发展研究 /
邱杨，王辉著 . -- 青岛：中国海洋大学出版社，2025.4
ISBN 978-7-5670-3629-1

Ⅰ．①互… Ⅱ．①邱… ②王… Ⅲ．①高等学校－教
育管理－研究 Ⅳ．① G640

中国国家版本馆 CIP 数据核字 (2023) 第 182431 号

"HULIANWANG +" SHIDAI XIA GAOXIAO JIAOYU GUANLI DE CHUANGXINXING FAZHAN YANJIU
"互联网 +" 时代下高校教育管理的创新性发展研究

出版发行	中国海洋大学出版社
社　　址	青岛市香港东路 23 号
邮政编码	266071
出 版 人	刘文菁
网　　址	http://pub.ouc.edu.cn
电子信箱	1922305382@qq.com
订购电话	0532-82032573 （传真）　　　　　**电　话**　0898-31563611
责任编辑	曾科文　周佳蕊
印　　制	潍坊鑫意达印业有限公司
版　　次	2025 年 4 月第 1 版
印　　次	2025 年 4 月第 1 次印刷
成品尺寸	170 mm × 240 mm
印　　张	11.5
字　　数	230 千
印　　数	1—1500
定　　价	68.00 元

如发现印装质量问题，请致电 0536-8809938 调换。

前言 / PREFACE

在信息时代，互联网以其力量，在世界范围内掀起了前所未有的深刻变革。传统行业纷纷启动了互联网模式，教育行业也不例外，互联网的快速发展对教育行业产生了颠覆性影响。

目前，"00后"大学生作为改革开放后成长起来的新一代，已经成为当前高校校园里主要的教育对象，并将成为社会主义现代化建设的重要力量。随着科学技术的不断发展，移动互联网技术逐渐成熟，使用移动终端设备上网已成为"00后"大学生的重要生活方式。在这种情况下，高校教育管理模式正经历着数字化、网络化、全球化的历史性变革。以移动互联网为特征的新一代信息技术使教学脱离了时间和空间的限制，从根本上改变了知识获取的方式。随着科学技术的不断发展，移动互联网技术逐渐成熟，高校构建大学生信息管理和服务平台，可以加强对大学生的教育和管理、对资源的充分利用，提高教育和管理的效率。

本书以高校的教育管理模式为切入点，通过对"互联网＋"时代下的高校教育管理的相关问题进行系统地阐述，厘清概念，全面深入地剖析了"互联网＋"时代对现代高校教育管理模式的创新性发展问题。本书分七章，第一章，高校教育管理概述；第二章，高校教育管理模式；第三章，"互联网＋"时代下高校教育管理工作的新机遇和新挑战；第四章，"互联网＋"时代下高校文化管理的创新路径探析；第五章，"互联网＋"时代下高校教学管理的创新路径探析；第六章，"互联网＋"时代下高校行政管理的创新路径探析；第七章，"互联网＋"时代下高校学生管理的创新路径探析。本书从上述七个方面全面阐述了"互联网＋"时代高校教育管理模式的改革与未来发展方向，并对高校教育管理模式在"互联网＋"时代下的发展提出了建设性的意见。

本书对于现代高校管理者具有一定的学术参考价值。由于时间仓促、作者水平有限，本书难免存在不足之处。在本书出版之际，我们真诚地希望读者能够对本书提出宝贵的意见和建议。

作 者
2023 年 8 月

目录 CONTENTS

第一章

高校教育管理概述

第一节　高校教育管理的本质与内容

一、高校教育管理的本质

从本质角度，整体上进行系统分析，高校教育管理工作是要在我国高等学校系统改革中，以各教学子系统资源为研究评价的管理对象，组织整合有限的资源，科学统筹各种教学实践过程，优化内部资源配置，提升高校教育效益。

二、高校教育管理的组织系统

高校教育管理组织系统是教育管理群体为共同目标的达成，将涵盖权责分配、层级统属关系、团队精神构成和可自我发展与调节的社会系统，用于解决高校教育中"谁管理"与"如何管理"问题的制度。管理体制是指组织机构安排、隶属关系与权责规划等的组织制度。要想充分发挥教育管理组织功能，就要从根本上优化管理体制，促进组织结构的科学建设。管理系统属于结构性关系组织，是成员关系网，还是组织成员彼此行为关系构成的一个行为系统，更是一个随时代变迁而自我调整适应的生态化组织。教育管理内部的组织和建设改革的第一个根本战略目的就是通过构建更加全面、更加科学合理的现代化教育行政管理大系统，以及高等教育质量管理系统与运行机制，更好地为广大师生以及教育教学工作提供助力。教育管理系统关注的重点是将纵向教学系列与横向教学系列相整合。其中，纵向教学系列通常指学校、二级学院教务处（部）、教学系部和学科室；而横向教学系列指教务部门、科研部门、学生就业管理部门、人事部门、政工部门、后勤保障部门等。想要促成教育目标，培育出更多优秀的人才，必须确保两个系列进行有效协调。

高校要构建教育管理组织系统，保证该系统工作可以顺利高效地开展、灵活创新地运行，就一定要打造高素质的教育管理队伍，明确机构设置，确定岗位责任。

三、高校教育管理的基本任务和职能

从基本任务来看，高校教育管理要严格遵循教育教学规律，做好教育管理体系规划，运用现代科学技术和管理方法，对各项教育活动实施动态、目标化管理。同时，要在教育管理和协调的过程中顺利完成教育任务。教育管理职能主要是决策、研究和创新。这些职能相互交叉，有着密切的内在联系，共同构成一个有机的整体。

四、高校教育管理的内容体系

提升高校教育管理质量，核心在于管理者要懂得管理的内容、重点以及如何管理。教育管理本身就是一个整体，教育管理内容体系应从多元化的角度进行框架的构建。教育管理内容体系可归纳为教学计划、教学运作、教学质量管理与评价、教学基本建设管理这四个部分。将公共教育行政部门管理与职能交叉作为五级划分的标准时，教育管理内容体系包括内部控制协调、评估、激励、研究、创新、决策规划、组织和指导。从我国教育宏观管理各层次的角度分别进行研究，教育管理内容体系涵盖当前教育改革、教育信息化建设和中小学日常质量管理过程这几个部分。

此处，将高校教育管理的内容体系分为教育计划管理、教育运行管理、教育行政管理、教育质量管理。

（一）教育计划管理

人才培养方案是各个学校为有效提高自身教学和教育质量，培训专业化教师等而制订的一系列关键性文件。它是安排日常教学实践活动、设置基本教学活动任务、准备到位教学经费的基础。在教育部的宏观指导下，教育计划由学校组织专家独立制订，每所学校对此都有高度的自主权。教育计划确定后必须全面实施。教育计划项目管理的核心问题在于如何合理组织和设计人才培养目标蓝图。教育计划要求项目学校在教育企业建设中注入大量教育能量，开展基础教育调查或研究，着重研究如何在新的领域学习基础教育观点、教育内容、培训模式等，必要时还需邀请学校相关学术或教学团队领导和学科骨干教师协助开展课程结构体系优化研究。学校只有以高效实现高素质人才培养的总体目标为定位，课程结构体系合理全面，才能为培养优秀毕业生奠定坚实的基础。教育计划制订后要特别注意严格执行，不得随意放松。

（二）教育运行管理

教育管理重在利用规范化管理以确保教育系统顺利有序地运行，提高教学水平。教育运行管理是围绕教育计划的落实而开展的关于教育过程和辅助活动的组织管理。教育过程是指学生被教师引导的认知过程，以及学校利用学生接受教学活动的方式收获综合发展能力的过程。高校教育过程在组织管理方面的特点是：第一，大学生的学习自主性和探究性特征明显。第二，坚实基础学科教育根基上的专业教学持续拓展。第三，教育科研不断整合。学校应以这些特点为重要依据，做好教育教学过程的组织管理，特别是课程大纲的设置。为验证教育教学效果，学校应设计组织管理内容、程序、规范要求等。

（三）教育行政管理

教育行政管理是学校、二级学院、教育系部等教育管理部门结合教育规则和学校规则行使管理方面的职权，对教育活动和相关辅助活动实施科学化组织、指挥、协调，以确保教育系统稳定持续运行的协调过程。

（四）教育质量管理

教学质量这一概念具有很强的综合性，判断教学质量水平的指标应是涵盖教学、学习和管理质量的综合性指标。教学质量是不断积累的产物，是动态管理与静态管理整合形成的，因此要格外关注动态管理与静态管理，实现过程与结果的统一。创新教育工作思想是提高整体教育思想和科研水平，切实做好高校教学过程质量规范化研究的基础。构建适应学校实际情况的教育质量管理体系，要注重梳理教育质量监控制度的概念、要素等因素，认真研究质量保障阶段的各类问题。高校要围绕工作核心，积极构建科学化和可操作性强的教育质量管理模式。

第二节　高校教育管理的指导思想、原则与基本方法

一、高校教育管理的指导思想

科学化管理在提升管理效率与教育质量方面意义重大。科学化管理的实现，依赖于与客观实际相符的、兼具人性化与规范化的管理制度，而以上所有均离不开科学的指导思想。

高校教育管理的指导思想是关于高校教育管理的观点、理论或观念，是理论与实践的整合。指导思想对管理实践有重要的指导作用，思想是行动的先导。

（一）相互联系

高校教育管理属于社会现象，具有很强的综合性和复杂性。如果站在宏观角度看，高校和社会、家庭，甚至整个时代密切相关，大学生也不是孤立和隔绝于世的，所以高校教育管理受社会、家庭和时代的影响。站在微观角度上进行分析，高校教育管理的各种要素之间，都有一个连接和相互制约关系。

（二）动态平衡

管理是一个系统过程，在不断发展和变化的过程中，不仅受到政治、经济、文化和其他因素的影响，也在不断自我完善和进步。因此，应重视动态平衡，与时俱进，基于现实，关注未来，探索新情况，解决新问题。

（三）对立统一

高校教育管理包括多元化的矛盾，应善用对立统一的指导思想处理问题和矛盾。例如，管理者和管理对象之间存在矛盾，要用对立统一的指导思想来指导实践。

（四）实践探索

实践是检验真理的唯一标准，实践是正确认识的主要来源。高校教育管理具

有较强的实用性，同时对操作性提出了很高的要求。所以，在落实高校教育管理时，必须建立实践的意识，拥有探索创造的勇气，在实践中积累关于抽象理论的经验，以便更好地指导学生管理实践。

二、高校教育管理的原则和基本方法

（一）高校教育管理的原则

1. 高效性原则

高效性原则直接体现了高等教育管理的本质，也体现了高等教育管理的具体内容，即高等教育用最少的资源，培养更多的合格的高级专业人才，取得更多的高水平研究成果。这项原则揭示了良好的办学效益是高等教育管理的目标，且这一效益主要体现在经济效益和社会效益两个方面。高等教育在实施过程中是否能实现各种资源利用最大化、浪费最小化，应该作为办学效益的评判标准。保证提高办学效益的前提条件是，在确定总体发展规划、设置具体专业、聘用相关人员等方面，高等教育必须有足够的弹性和活力。

2. 整体性原则

高等教育体系的整体性和高等教育的目的共同决定了高等教育管理应遵循整体性原则。整体性原则可以理解为围绕人才培养这一中心，充分考虑社会和环境因素的影响，科学组织各项工作，使高校教育管理系统有效协调。高等教育管理系统的最大特点是整体功能大于各个部分的总和。在实际管理工作中，局部与全局之间经常发生冲突，有时从某个方面来说，确实可以产生一定的效益，但总的来说，损失远远超过了效益。因此，我们一直强调局部服从整体。一些研究表明，只有当人们有一个特定的目标时，他们才能充分发挥自己的潜力；只有达到这个特定的目标后，他们才能获得成就感和满足感。如果我们想真正发挥整体性原则统领全局的作用，就必须使这一原则具体化，并使其渗透到整个管理过程中。与一般系统一样，高等教育管理系统中的任何人或组织都不得不依赖其他人或组织来满足自己的需求。如果合作行为不受管理目标的指导，那么这种行为就不具备管理的整体性。由于社会和组织之间的分工不同，它们在高等教育管理系统中的工作目标也不同，但它们都依赖于高等教育管理系统的总体目标，并在总体目标的指导下相互配合。整体性原则在不同职能组织中的体现是不同的。一般来说，经济组织以功利主义为主，强调竞争；军事组织以强制性为主，强调服从。

3.民主性原则

高等教育管理的学术性决定高等教育管理的民主性。高等教育管理者只有发扬民主，才能充分激发老师和学生的创造力和热情。高等教育人才济济，思想活跃，注重学术自由，而高等学校的学术活动充分反映了这一点。从本质上讲，高等学校的教学和学术活动离不开民主和自由，任何非民主决策都可能会降低高等教育的学术价值。

承认个人价值是民主的基础。在学校重大事件的决策过程中，每个人都有权表达自己的意见，包括教师和学生。领导和组织必须在听取老师和学生们意见的基础上做出科学的决定。这是学校民主的体现。民主和正义是分不开的。高等教育管理者要做到公正，就要建立严格的透明的规章制度，并接受民主监督。

民主性原则要求高等教育管理者在进行高等教育管理过程中贯彻民主决策、民主执行、民主监督。

4.动态性原则

动态性原则指的是高等教育管理者在高等教育管理活动中必须根据不同的情况，采取不同的动态调整措施，因此，高等教育有一定的适应性和针对性。高等教育的动态性功能决定了工作不仅具有稳定性和继承性，也有创新性。为了保持协调发展的动态环境，必须高度重视高等教育管理的创新性。在高等教育管理中，管理者应该在相对稳定的前提下把握发展，寻求稳定运动过程中的发展。

动态性原则要求高等教育管理者重视旧体制、改革旧方式，但改革的前提是不扰乱教育的基本稳定性。任何改革都是相对稳定的。然而，它必须有一定的标准：改革不能脱离实际，必须与实际相符合，必须适应社会的发展需求、学校教育的目的、管理政策和发展计划的灵活性。为了维持稳定的管理体系，改革必须遵循循序渐进的原则，不可急于求成。

5.导向性原则

导向性原则是指管理者使用管理手段来引导所有成员向已经确定了的目标不断努力。导向性原则对于制定管理政策、落实工作措施和营造工作氛围等都有指导作用。

6.依法管理原则

依法管理原则指的是要依据法律和教育行政主管部门出台的法规，来规范高等教育活动。从微观高等教育管理角度来讲，依法管理原则要求依法治校，建立健全各种规章制度，通过制度来规范管理者的行为。

《中华人民共和国高等教育法》分八章，全面规范了高等教育活动，是指导和约束我国高等教育活动的根本大法。

从管理体制上来说，全国高等教育事业由国务院统一领导和管理。各个省、自治区和直辖市的人民政府负责管理主要为地方培养人才的高校和经国务院授权给地方管理的高校，还负责统筹该行政区域内的高等教育事业。国务院的教育行政部门主要负责管理全国高等教育工作和国务院确定的主要为全国培养人才的高等学校。国务院的其他有关部门在规定的职责范围内，负责相关的高等教育工作。

高等教育活动中的许多矛盾只有通过法定程序才能得到妥善处理，特别是高等教育内部与社会其他部门之间的矛盾，高等教育组织法人与其他法人主体之间的矛盾，高等教育组织内部法人与法人之间的矛盾，高等教育内部成员之间的矛盾，等等。

（二）高校教育管理的基本方法

高校教育管理的基本方法是以管理原则为有效依据，为保证培养目标的实现，在具体管理环节运用的方法、步骤、途径、手段等，通常情况下包括以下四种。

1. 调查研究

定期调查，了解和掌握学生的实际情况。在调查研究的过程中，必须根据调查对象、目的、方法等做出科学规划，不能敷衍了事。调查必须实事求是，有效运用马克思主义立场、观点和方法，注意综合分析调查材料。

2. 建立规章制度

逐步建立科学的高校教育管理系统，是确保教育管理工作有据可循的基础。制度建设必须符合大学生的生理和心理特征，与此同时，还应与教育规律相符合，随着教育改革的推进而进步，并保持相对稳定。

3. 配合行政方法

结合教育管理的目标、内容等，配合有关行政部门的监督检查方法，实现有效管理。

4.适当运用经济手段

经济手段实际上是行政方法的有效补充。经济手段指的是在具体教育管理环节中，进行必要的物质奖励或物质惩罚。采用经济手段并不代表行政方法难以确保管理工作的有效实施，而是因为经济手段会直接触及学生物质利益，能够发挥极大的作用，这种作用是行政方法无法代替的。在采用经济手段进行教育管理工作时，不能只关注经济上的奖惩，而忽略日常教育指导与行政管理；也不能只注重物质奖励，而忽略物质惩罚；更不能只关注处罚，而忽略奖励，否则会直接影响经济手段作用的发挥。

第三节　高校教育管理的重点

一、高校教育管理的特点

高校教育管理在高校管理实践中占据不可替代的地位，具有以下五个明显特点。

（一）能动性

高校教育管理的一个显著特点是能动性，这里指的是人的主观能动性。教育管理的主要对象是教师和学生，是否可以有效地调动教师和学生的积极性，是衡量教育管理质量的关键。在整个教育管理系统中，教师和学生都拥有双重身份。教师既在教育指导工作中充当管理者，又作为大学教育实践者属于被管理对象。学生是学校和教师的管理对象，同时又在进行着自我管理。无论老师和学生扮演什么角色，都具有主观能动性。

（二）动态性

动态性是指教育管理的各个环节都处于动态发展中，如人才培养计划跟随社会和经济变化而不断更新完善，教育质量评价体系伴随建设内容的变化而不断更新。

（三）协同性

教育管理的协同性重在协调学生个体与学校、教师共同完成集体活动，有效发挥师生个性，推动个人与集体的协同进步。

（四）教育性

教育管理者通过科学制定管理制度、优化管理过程、设置奖惩机制等方式，指导学生进行自我教育与管理，推动学生自我服务，最终实现育人目标。这体现了教育管理的教育性。

（五）服务性

高校的中心工作是育人，教育管理要紧紧围绕教与学，为其提供良好的服务。树立正确的服务意识，是高校教育管理系统对教育管理者提出的根本要求。

二、高校教育管理队伍的结构

高校教育管理队伍是高校日常教育管理主体之一，以服务和教育为宗旨，在教与学相关活动中承担着教育者和管理者的双重角色，其职能主要体现在服务和教育上。高等教育管理队伍的设置目的是保障高等教育的发展。管理人员是主要的执行者，是高校中负责制定、规划、指导、协调的核心组织者。高校通过管理人员来衔接教与学的每日发展。

现代高校制度的核心是政校分开、管办分离，为适应中国国情和时代要求，依法办学、自主管理、民主监督、社会参与，构建政府、学校、社会之间的新型关系。中国现代高校制度既具有中国特色，又具有现代高校制度特征。党委领导下的校长负责制是富有中国特色的高校内部领导体制，坚持和完善党委领导下的校长负责制是建设中国特色现代高校制度的基本要求；董事会（理事会）制度则是现代高校制度的重要标志。党委领导下的校长负责制与董事会（理事会）制度的融合，是建设中国特色现代高校制度的基本趋势。

具体来说，高校教育管理队伍由校长、副校长、教务处全体人员、学院（系）主管院长（主任）及副院长（副主任）、教学秘书（教学办全体人员）和教务员组成。高校教育管理队伍既要有教育管理经验丰富的中老年专家，又要有充满活力、信息技术强的青年骨干，老、中、青各层次人员应合理分布；在结构上，非本校毕业人员应该占多数，这有利于借鉴不同的管理思想，而承担重要岗位工作的教学管理人员应有基层教学管理工作经历。

高校教育管理队伍的工作人员的日常工作内容应紧贴师生的学习和生活，在对学生进行思想教育和辅助教师提升师德素养中凸显教育职能。这就需要教育管理工作人员既要有正确的政治取向，又要有相关专业的教育教学能力，还要具备行政岗位的管理素质。

三、高校教育管理的重点

（一）注重提高教育管理人员职业道德和业务能力

我们需要意识到教育管理者在学校长远发展中的作用。教育管理人员发挥着不可替代的作用，应有效提高其思想政治素质，使其树立奉献精神，提高责任感。

教育管理人员不仅要贯彻落实上级部门做出的工作安排与下发的文件精神，还要平衡组织各项教育管理活动，同时处于与师生互动的前沿，这样的工作定位和责任要求教育管理者拥有高尚的职业道德和高度的责任感。

（二）正确处理教育管理与教学质量的关系

教育管理针对学校管理的不同环节开展教育活动，结合既定的管理目标和教育教学原则有效地调动每一个环节，这和教学质量是分不开的。教育管理内涵广泛，从教育质量评价体系看，包括培训计划、教学计划、教学任务、信息收集、统计分析、质量评价等。同时，要特别注意结合反馈信息和评估结果所制定的创新教育教学计划。教育管理必须紧密围绕提高教育教学质量这一中心工作，创新和完善高校教育管理制度，积极帮助建立健全新人才培养教育管理体系。

（三）正确处理教育管理人员与教师教学任务的关系

教育管理人员和教师肩负着共同的教育使命。前者注重教育资源的整合和利用，教师则更注重知识的传播和启发。管理教育与教学教育相辅相成，两者相互作用。它们职责不同，但目的相同，主要体现在以下四个方面。

第一，教育管理人员是师生之间的纽带，负责协调和处理师生之间的矛盾，应有效营造优质的教育环境，保证教育教学活动的有序发展。

第二，教育管理人员利用教师教学质量信息，反馈教与学的实际情况，给予科学的评价。教育管理人员检查和评估教师在教育教学中反映出来的学术和教学水平，评价教师的专业水平，总结和评价教师的教育任务完成度，并结合社会发展和市场需求，提供评价指标和发展计划，促进教师提高教学水平，为社会培养高素质的人才。

第三，教育管理人员和教师参与学校各项事业的建设，如课程建设、教材建设，通过教学调查、研究和分析，提出改革和优化教学方案。

第四，教育管理人员为教师提供教育教学帮助，创造良好的教学环境，鼓励教师专注于教育活动。

（四）注重协调教育管理与教育教学研究的关系

　　教育管理是一个系统工程，需要长时间的建设和积累。高效完成日常教育管理仅标志着拥有好的工作基础和教学环境。要真正提高人才培养的质量，还必须积极推进教育教学研究工作。大量的教育实践表明，关注高校的教育教学研究工作的指导思想、目标，适当地评估形势，有助于学校树立新思想，采取新措施，建立新系统，使教学工作和管理工作处于高质量状态。教育管理及其研究开展情况较差的高校，其教育改革往往比较落后，抓不住改革的重点与核心。因此，要特别关注教育教学研究工作，把握好提升教育管理效益和质量的关键点。

第四节 高校教育管理的工作流程

一、高校教育管理工作流程的现状

目前，我国高校的教育管理遵循传统的管理模式——教育管理基本上是通过上传和发布指令逐步完成的。学校教育工作的规划和制度由校领导班子制定，教育管理工作的具体职能由教务处完成。因此，教育管理的权力往往集中在教务处，教育管理工作的指挥、协调与控制等综合职能由教务处履行，学校其他部门起辅助作用。由于其他部门缺乏教育管理自主权，过度依赖教务处，做事不主动，阻碍了学校教育管理工作的发展，收效甚微。高校教务处一般设有综合管理部、教务运行部、实习管理部、实验室建设管理部、学籍管理部、教学研究与教学改革管理部、考试中心等部门。教务处的工作人员在确保教育顺利开展方面发挥着重要作用。然而，专业知识、专业团队的缺乏，以及教育管理工作的严重超载，使得教育管理工作的效率低下，难以保证教育工作的质量。

二、高校教育管理工作流程的建设关键

（一）确定建设方向

建设高校教育管理系统首先需要确认教育管理系统的总体目标和主要发展方向，然后在此基础上提出相应优化和改进建设方法，实现有效重建高等学校教育管理系统。教育管理人员可以对教育管理在学校管理工作中的实用性、适应性、有效性和可行性进行分析和研究，然后结合问题、优势、矛盾、学校发展现状，提取相应的管理流程，通过实验方法和实证分析方法深入研究，建立符合高等学校发展一般规律和学生自身发展规律的教育管理系统。

（二）结合社会需求

在高校教育管理系统的设计、应用和改进方面，很重要的一点是结合当前我

国社会需求，对高校的发展特点进行分析和研究，制订符合当前高等教育发展规律的教育管理方法。只有这样才能为我国的高校教育管理工作提供相应的支持。

（三）完善信息平台

完善高校信息服务平台，促进信息教育的发展以及高校的管理制度建设，能有效促进建设动态信息管理系统。在此背景下，学校的教育管理工作可以基于计算机数据和信息分析得到有效的发展和完善。教育管理人员可以结合不同的信息模型和分析软件，实现教育管理的模拟工作，并为工作方案提供可靠的依据。

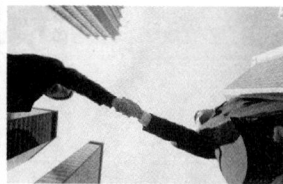

第二章

高校教育管理模式

第一节　高校文化管理

一、文化和文化管理的内涵及发展历程

什么是"文化"？古往今来，人们对"文化"有几十种甚至数百种定义。有趣的是，虽然"文化"包罗万象，但不同的定义以不同的方式表达了"文化"的基本内涵，一般包括概念形式、精神产品和生活方式三层含义。具体来说，它包括人们的世界观、思维方式、宗教信仰、心理特征、价值观、道德标准、认知能力，以及一切形式上是物质的，但可以通过物质形式反映人们观念上的差异和变化的精神物化类产品。

高校文化包含高校思想、制度和精神，是高校思想启蒙、人格觉醒和精神震撼的结合体。高校用人文精神培养全面发展的优秀人才，使之成为民族复兴和文化复兴的中坚力量[①]。高校应该引领社会前进。高校文化是知识、能力和人格的升华和结晶。高校文化管理指的是人性化管理，是以人为根本出发点，以实现人的价值为最终目标，尊重人性的管理。这种管理是通过管理主体与管理客体之间形成的文化力的互动来实现的。高校文化管理与企业文化管理有着密切的关系。高校借鉴了企业文化管理的理念，但高校文化管理是其自身内在文化因素的必然要求。因为高校本身是一种文化存在，是一种文化实体。它以传承和创造文化为己任，是一个以文化为中介来培养和塑造人的组织。高校与文化的关系是任何其他社会要素和社会组织所无法比拟的。在高校管理中，我们应该更多地关注文化因素，因此，文化管理是学校管理的必然结果。学校文化管理以文化为基础，注重学校文化建设，利用文化要素和文化资源实施规范的学校管理活动。

高校文化是高校的灵魂。高校文化建设的核心在于师生的认同，认同的关键在于参与。可以说，无论是学生还是老师，如果他们对自己的高校文化没有清晰的认识，那么他们就会时不时地感到陌生和沮丧，就像在异国漂泊的人一样。回顾改革开放以来高校管理形式的演变，高校教育管理大致可以分为两个阶段。

第一阶段是从改革开放到1990年前后。这一阶段的高校管理可以概括为体

[①]郭琳.高校校报：大学文化的建设者和传播者[J].吉林教育，2016（10）：2.

验式管理。也就是说，在这一阶段，校长对高校的管理主要基于个人经验，校长的主观意愿和人格魅力起着决定性的作用。如果校长是教学专家，那么他就会有很多方法和措施，学校的教学质量会得到迅速提高，学校教育管理就会有序，校风、学风就会好，否则就会差。尤其是教师队伍的管理和教师积极性的调动，几乎取决于校长的个人魅力。因此，在这一时期，各学校之间存在着巨大的差异。目前，我国一些名校和非名校，如果追溯其成因，大多难以逃脱这一时期的印记。虽然这一时期有好的校长和高校，但数量不多，学校的管理水平也不高。

第二阶段是1990年前后至21世纪初。这一阶段的高校管理也可以用一个词来概括，即制度化管理。这一阶段的标志是校长负责制、教师聘任制、结构工资制，即"三项制度改革"的提出和实施。其宏观背景是《中华人民共和国教育法》《中华人民共和国教师法》等一系列教育法律法规的颁布实施。随着依法治国理念的提出，教育领域也提出了依法治教、依法治校理念。学校开始注重加强制度建设，推动学校管理由经验化向制度化、规范化转变。随着国企改革的深入，一些新的企业管理理念被引入教育体系，传统的"资历""平均主义"等观念受到冲击。当然，在这个阶段，每所高校的管理水平是不同的，但差距远远小于第一阶段。良好的系统是相对稳定的，不会因人员变动而发生明显变化。一所学校相对完善和可行的管理系统，不会轻易随着校长注意力的变化而改变。

上述两个阶段的划分是相对的。在第一阶段，学校管理并非完全没有制度保障，制度也并非没有发挥作用；在第二阶段，管理者在学校管理中的经验和个人魅力也并非不重要、不起作用。也就是说，在第一阶段，管理者的经验、意志和个人魅力在学校管理中起主导作用，而在第二阶段，制度起主导作用。显然，通过以上比较，我们会发现，在学校管理中，制度比校长的个人经历、意志和人格魅力更重要。它更具普遍性，发挥着决定性的作用。

然而，笔者一直在思考这样一个问题：制度是高校管理最权威、最理想的手段吗？现在大家都在量化考核指标，细化考核内容，尽可能地完善制度，这是必要的。然而，无论我们如何量化、细化和创新该体系，仍有一些非常重要的内容无法评估，也无法与教师的工作量和薪酬挂钩[①]。例如，虽然学校德育的某些内容可以量化评估，但大多数内容无法具体量化，难以评估。又如，教育学生诚实守信是一项非常重要的任务，这要求教师以身作则，投入大量精力，但这一成果又该如何评估？再比如，爱学生是师德的核心，教师应无私地爱学生，特别是当学生在思想、学习和生活上遇到困难和挫折时，应给予全心全意的关怀。如何量化

①岳若惠. 现代教育理念下的高校教育教学管理[M]. 咸阳：西北农林科技大学出版社，2013.

这些，如何评估它，以及如何将其与教师的待遇联系起来？显然，制度并不是万能的，制度的完善和创新并不能解决学校管理中的所有问题，制度建设也不是办学和教学的制高点。那么，我们应该依靠什么来解决制度无法解决的问题呢？笔者的思路是依靠学校文化。也可以说，文化管理是高校管理的最高境界。下面用表2-1简单说明。

表 2-1　高校管理的发展阶段及特征

高校管理阶段	时 间	特 征	具体描述
经验型管理	从改革开放到1990年前后	人治	校长个人的经验、意志和人格魅力起重要作用
制度型管理	从1990年前后到21世纪初	法治	制度化、规范化管理
文化管理	最近几年	文化引领	以人为本，形成集体信念和价值观

二、高校文化管理的特点和意义

（一）文化管理和高校文化管理的特点

1. 文化管理的特点

文化管理有别于科学管理，具有以下特点。

（1）文化管理的中心是人。

从科学管理向以物为中心、以文化管理为中心转变。人是文化管理的出发点，也是文化管理的落脚点。尊重人、关心人、培养人、激励人、开发人的潜力，是文化管理的关键。

（2）管理人性的假设前提是"善"。

科学管理把人看作"经济人"，把"性恶论"作为哲学依据。文化管理把人看作"自我实现的人"和"观念人"，以"性善论"为哲学基础。

（3）管理方法侧重于激发主观能动性。

科学管理以外部控制为主，重奖重罚是主要的手段。文化管理的中心是通过人文关怀等激励手段调动和激活行为主体的内在需求和动力，使其追求自我发展。

（4）管理重点是文治。

科学管理重在直接管理人的行为，员工的一言一行有制度约束，是典型的法治。文化管理重在管理人的思想，如信念和价值观，从而间接地影响人的行为，是新的管理方式——文治。

（5）领导类型为人才培养型。

在科学管理中，领导就像乐队指挥一样，属于指挥型领导。在文化管理中，领导者既是导师又是朋友，是育才型的领导。

（6）激励方式以内化为主。

科学管理以外塑为主，取决于工作的外部条件。文化管理以内在激励为主，重在满足员工自尊和自我价值实现的需要。

（7）管理特色是有人情味。

科学管理的特色是纯理性管理，排斥情感因素。文化管理的特色是理性与非理性相结合，是一种有人情味的管理。

（8）组织形式具有开放性。

在科学管理中，权力结构明确，是一个"金字塔形"组织。在文化管理中，权力结构模糊，管理者和被管理者更加平等，属于平等沟通、自我学习的学习型组织。

（9）管理手段具有"软"特征。

科学管理是强制性制度和物质手段的投入。文化管理依靠思想交流、价值观认同、情感互动和风气熏陶，即依靠非强制性和非物质手段的投入。管理从以"硬"管理为主，走向"软"与"硬"相结合，最后以"软"管理为主。

（10）管理者和被管理者为互助关系。

科学管理强调上级和下级之间的关系，管理者按制度约束人。文化管理中的管理者和被管理者为了共同的目标携手前进，是合作伙伴关系。

2. 高校文化管理的特点

高校是文化发展的重要阵地，也是文化建设的重要载体。作为人才培养的基地，高校应发挥文化育人的作用，为中国特色社会主义事业培养建设者和接班人。作为知识集散地和思潮的发源地，高校应该成为社会文化的风向标和领导者。在推进社会主义文化大发展、大繁荣的过程中，高校一方面要加强自身的高校文化建设，另一方面要承担文化传承创新、文化辐射指导和文化服务支持的重要使命。"以文化人"的教化性，是高校文化区别于其他文化形态的重要特质。重视主流价值导向性，是建设社会主义高校文化的必然要求。建设各具特色的高校文化，是各高校突出个性、增强文化发展生命力的关键。

（1）教化性。

高校要以人才培养为天职，高校文化要始终围绕育人这一中心任务展开。高校"以文化人"，即文化在不知不觉中感染人、熏陶人、教化人，实现情感陶冶、思想感化、价值认同、行为培养的目标。按照马克思主义的观点，教育的目的是促进人的全面发展，高校文化育人的过程实际上是健全人格、开发智力潜能、丰富生命内涵以及使受教育者自由、全面、完整发展的过程。

（2）导向性。

文化不是一个中性的概念，它本身就具有鲜明的价值观。当前社会呈现多元思想文化相互交织、相互激荡的格局，需要占主导和支配地位的价值观引领大学文化建设。在高校文化建设中，要坚持以马克思主义为指导，坚持不懈地用中国特色社会主义理论体系教育师生，推动中国特色社会主义理论体系进教材、进课堂、进头脑。加强理想信念教育，弘扬以爱国主义为核心的民族精神和以改革创新为核心的时代精神。深入开展社会主义荣辱观教育和社会主义核心价值体系建设，全面加强学校思想道德体系建设。

（3）独特性。

有个性才有魅力，有特色的高校文化才是有生命力的文化。高校精神具有探索真理、崇尚学术、传承文化等共性追求，但社会对高校的需求是多样化的。多年来，我国许多高校办学定位一致、办学理念相同，高校文化建设缺乏个性，存在同质化趋势。这一点从反映高校精神文化精髓的校训可以看出，"求是""创新""厚德"等已成为高频词语。

（二）高校文化管理的意义

1. 文化传承创新

高校是教育机构，也是一种文化存在。传授知识、传承文化是高校的天生职责。传承是创新的前提，创新的方式是扬弃。在把握前人积累的文化成果的基础上，去粗取精，赋予新意，形成新文化。大学正是这种新知识、新思想、新理论的重要摇篮，通过继承民族优秀文化，借鉴世界进步文化，创造时代先进文化，丰富精神文化的内涵，充实人类智慧宝库，推动社会文明进步。

2. 文化辐射诱导

高校文化是社会文化的组成部分，既受到社会文化的渗透，又以其自身的优势深刻影响着社会文化。高校是研究高深学识、探索真理的知识殿堂，也是高学历、高层次人才相对集中的场所，承担着影响、辐射、引领社会文化的功能。高校文化通过价值判断引领社会的文化选择，升华大众文化，超越流行文化，抵抗腐败文化，彰显高雅文化；通过强化主流文化，对社会文化起到了积极的辐射和示范作用，使社会文化朝着健康的方向发展，向更高层次发展。从历史上看，高校一直是各种新思想、新理论的发源地，各种思潮和运动的发源地，引领着文化风尚的先河。在历史转折的关口，往往是高校率先高举时代火炬。高校文化对整个文化质态的构建和文化精神的形成具有辐射、提升、示范和引领作用。

3. 文化服务支持

高校不仅以独特的高校文化影响社会文化，而且又培养大批人才带动社会文化的发展，通过科研和直接面向社会的服务推动社会文化发展进程。在新的历史条件下，高校要充分发挥文化建设人才库、智囊团、思想库的作用，提高服务社会主义文化发展的意识和能力，为文化事业、文化产业发展和文化体制改革深化输送优秀人才，提供智力支持。高校应加强文化领域专业建设，丰富优秀传统文化课程内容，建设优秀传统文化教育研究基地，为社会输送大批高质量的优秀专业人才。加强文化领域的学术研究，繁荣发展哲学社会科学。积极参与构建有利于文化繁荣发展的体制机制，拓宽发展文化事业和文化产业，以及深化文化体制改革服务的渠道。加强文化志愿者队伍建设，开展各类群众性精神文明创建活动。积极搭建国际文化交流平台，推动文化"请进来"和"走出去"，为提升国家文化软实力、增强国际话语权做出应有贡献。

三、高校文化管理现状

目前，我国高校文化管理机构有以下四项形式。一是管理机构附设在教务处，人员和业务归属教务处。二是全部归属于学工部门，人员和业务直接设在学工部之下。三是设立专门常设机构，直接隶属于学校领导。四是设立负责文化素质教育工作的学院，如复旦大学复旦学院、北京大学元培学院、浙江大学的本科生院、宁波大学的阳明学院、山东理工大学的一年级工作部。

目前，我国文化素质教育课程的设置和实施方式也是丰富多彩的，主要有四种形式。一是构建课程系列，推荐必读书目。二是建立模块课程选择制度。三是推行课程制。四是结合欧美通识教育的形式、经验和内容，设立文理学院（通识教育学院或本科生院）。到目前为止，我国的大学生文化素质教育还没有建立起一套可行、可推广的评价体系。教育部也曾构建旨在设置大学生文化素质教育基地的高校基地评价指标，但其评价对象并不是教学效果，而是学生文化素质教育基地。

　　总体来看，当前高校文化管理中存在的问题主要有四方面。一是管理机构区块交叉。各高校在机构设置上体现了对大学生文化素质教育的重视，但在具体工作水平上存在一定的差距。由于不同的体制和机构具有不同的工作范围、责任定位、职能效力和资源配置，其工作绩效或机构工作能力也不同。二是课程设置和实施方式自由度较大。目前的课程设置基本上是从学校和教师的角度出发，不太考虑学生的实际期望，难免使得学生对有些课程不感兴趣，也不可避免地存在一些没有价值的课程混杂在其中，在课程构成上缺乏科学论证，"拼盘"现象明显。三是课程内容存在知识化倾向。高校大多以掌握知识的数量来衡量课程的价值，以知识体系的选择来替代课程体系的设计，造成了知识量过大而课时有限的困境。四是评价体系不完善。现有的以学校为单位的评价体系具有各自为政、各自侧重的特点，特别是受行政力量和个人好恶、传统思维的影响较大。

四、高校文化管理的途径

　　针对高校文化管理中存在的问题，如何加大学校文化管理力度？相对于学校的硬性环境建设和制度建设，学校文化建设具有看不见、摸不着的隐性特征，需要我们做出更艰巨、更长期的努力。学校文化与制度管理有机统一，相互补充。文化管理工作的最终落脚点是人的思想问题。严格管理的规范制度能否妥善执行，取决于人的思想高度和认识程度。学校文化为制度管理提供人文环境。文化与制度的关系如同道德和法律，学校文化是学校制度的有益补充，两者可以说是相互统一的。总之，学校文化的出现和完善不仅是学校发展的必然，也是传统教育方式向素质教育方式转变的必经之路。这种文化是人的文化，是以人为本的文化，其在管理"人文""人情""人性"中的作用突出，形成了强大的"磁场"。它是一种弥漫在空气中的精神存在，在全校师生的呼吸吐纳中转化为气质、教养、说话方式或笔端，形成学校管理文化。开展高校文化管理的途径主要有以下三种。

1. 用物质文化陶冶人

　　校园物质文化是校园的外显文化，以某种文字符号为载体，将校园精神呈现在校园的各种标志物中，如校服、校歌、校刊、雕塑、学校建筑、艺术节、文化墙。它是校园思想文化建设的前提和条件，是思想文化、制度文化赖以生存、发展的基础和载体，有利于陶冶师生情怀。优美的校园环境有着春风化雨、润物无声的作用，如诗如画的校园风景、干净整洁的校园环境、美观科学的课堂布置、文明健康的文化教育设施……都在给予学生极大的精神力量。学生在优美的校园环境中受到感染和熏陶，触景生情，因为美而生爱，激发爱学校、爱老师、爱同学、爱家乡、爱祖国的高尚情操。这些都有利于学生正确的世界观、人生观、价值观的形成。

2. 用制度文化规范人

校园制度文化是指校园内学生在交流过程中缔结的社会关系以及用于控制这些关系的规范体系，是校园一切活动的准则，包括相关的法律法规、学校管理体制及规章制度、组织机构及其运行机制、特定的行为规范等。校园制度文化从根本上决定着校园的正常运行和创新发展，是校园思想文化的保证。建立健全学校规章制度，塑造良好的学校制度文化，是学校文化管理的重要内容，也是提高学校有效执行力的重要保障。制度文化以其导向性和规范性、稳定性和发展性、科学性和教育性彰显了校园文化。

3. 用思想文化凝聚人

校园思想文化是指高校在长期办学过程中形成的学校意识和文化观念，它是深层次的校园文化，是校园文化的灵魂，主要体现在班风、校风的建设上。班风、校风都看不见、摸不到，但渗透表现在校园内的多种文化载体及其行为主体中，人们随时随地都能感受到其独特的感染力、凝聚力和震撼力。校园思想文化是校园内隐文化，是校园文化的深刻内涵，是在长期校园物质文化、校园制度文化和校园行为文化建设过程中积累、整合、提炼出来的，是学校广大师生、职工共同的理想目标、文化传统，也是反映学术风范和行为准则的价值观念体系，很难用文字、符号来表达。校园思想文化是整个学校面貌、水平、特色、凝聚力、感化力和生命力的体现。校园思想文化作为一支强大的教育力量，对广大师生的健康成长有着巨大的影响。

一是引导功能，指导个人正确认识和处理个人与学校的关系，引导他们向学校期望的方向发展，引导个人行为走向学校的目标。二是凝聚功能，即思想文化起着心灵黏合剂的作用，它将各方面、各层次的人聚集起来，使师生、职工对学校产生使命感、自豪感、归属感，形成强烈的向心力、凝聚力和集体意识。三是激励功能，即思想文化往往能产生一种激励机制，使学校成员保持高昂的情绪和奋进精神，获得各种精神需求的满足。四是控制功能，即思想文化具有强大的心理约束力，使校园内的人接受必要的约束，使个人行为符合共同行为准则。五是辐射功能，即校园思想文化以其独特的方式，在教育师生的同时，也影响周边社会。

高校文化管理具体包括校长文化管理、教师文化管理、学生文化管理、物质文化管理和精神文化管理、课堂文化管理、教研组文化管理、宿舍文化管理、食堂文化管理等。

第二节 高校教学管理

教学管理是高等教学的重要工作之一，主要指管理者通过一定的管理手段，使教学活动达到学校既定的人才培养目标的一个重要过程，是维护正常的教学秩序的保证。教学管理不是一般的行政管理，而是兼有行政管理和学术管理双重职能的一门科学，研究教学管理的本质、思想、内容、方法、特点和规律，以教学为中心，以高水平的教学质量为目标，以科学管理为主线。这里主要介绍高校教学质量管理。

高校属于教育链条的末端，其培养出来的人才将会直接接受国家、社会、岗位的检验，高校教学质量将直接影响人才培养的质量。

一、教学质量与教学质量管理的概念

（一）教学质量的概念

狭义的教学质量指的是课堂教学的优劣程度。例如，老师在教学过程中，根据教学大纲和教材的要求，完成一定的教学任务的成就，就是教学质量。人们通常说的教学质量，多指的是狭义的教学质量。如果只是为了衡量校长在学校的表现，那么以教师的教学水平和学生的学习质量为标准，虽合理但并不全面。

学校道德教育、知识教育、体育教育、审美教育工作的质量和学生全面发展的条件是教学质量在最广泛意义上的表现。这样的教学质量评估基于各种各样的标准，例如，党的教育政策是否全面实现，学生的身体和精神是否得到全面发展，学生道德、智力、身体、审美等方面是否都是基于原来的基础得到继续提高，毕业后进入工作岗位的学生是否满足社会发展和经济建设的需求。

（二）教学质量管理的概念

教学质量管理就是管理整个教学过程中各个环节的教学质量，通过组织有关人员来控制影响教学质量的各种因素，从而逐步提高教学质量。因此，实行教学质量管理是提高教学质量的重要保证。有些管理者习惯于以考试为主要手段的教学质量管理，这是一种历史悠久的误解。教学质量不是考出来的，是教出来、学习出来的。管理者应该将教学质量管理的重点放在平时形成教学质量的各个环节上，而不是在考试。

（三）教学管理与教学质量的关系

在设置具体管理目标的前提下，学校的教学管理工作会进行有序的调整和控制。所有环节的教学管理和教学质量都有密切的关系。安排的教学任务和教学质量评价等都属于教学管理的范畴。例如，教学方法是否先进，教学内容是否新颖，是否做了理论和实践有效的结合，学生的学习水平是否稳步提高。高校应重视教学改革和完善管理体制，创造和建立新的教学管理制度，以促进教学质量的提高。

二、高校教学质量管理的主要内容

第一，管理者应进行宣传教育，做好思想工作，充分发挥全校教职员工的聪明才智，提高他们的质量意识，使人人关心教学质量，个个参与质量监督，认真负责地做好质量管理工作。

第二，管理者应建立和健全教学质量管理体系。校长应负责组织所有与教学质量相关的人员进入教学质量管理系统。每个人都应充分履行自己的岗位职责，充分发挥自己的岗位职能，使上下左右信息渠道畅通。

第三，在每学期开学之前，管理者应根据上一学期的经验教训，采取上下结合的方法，提出新学期的要求或目标，实施相应的计划。

第四，管理者应检查各职能部门、各教研组、各班级的教学质量管理实施情况，控制和调节影响教学质量的各种因素。

第五，管理者要充分了解和掌握教学质量，用数据说话，不能停留在用生动和突出的事例来说明问题的水平上。

三、高校教学质量管理的分类

（一）预防性教学质量管理

预防性教学质量管理主要指校长、教导主任、教研组组长通过抽样检查，及时了解教师备课、上课、批改作业、辅导学生的质量，及时了解学生预习、听课、复习、完成作业的质量，从中发现经验并及时总结推广，发现问题并及时研究解决。这种管理可以防患于未然，可以避免教师在升级或升学考试前再去"临时抱佛脚"，防止和减少教学中的倾向性问题。所以，预防性质量管理是稳步提高教学质量的一种可靠的保证。

（二）鉴定性教学质量管理

因为鉴定性教学质量管理是管理者在一定阶段进行的质量检查和质量分析，所以又叫阶段性质量管理。比如：在新生入学后，有的学校进行摸底测验或编班测验，及时了解学生在上一个学段完成学习任务的情况，并及时进行补缺补漏；有的学校在每个学年对学生德、智、体等方面的发展情况进行全面的分析评定，并做出升级、留级的决定，再总结这方面的经验教训；有的学校对毕业班学生德、智、体、美等方面的发展情况进行质量检查和质量分析，总结经验教训。

（三）实验性教学质量管理

在教学质量管理过程中，许多做法都要经过科学研究和科学实验，只有被证明是切实可行、行之有效的，才会被逐步推广。这样做，不仅能够让管理者提高自觉性，减少盲目性，学会按照客观规律办事，而且可以防止挫伤师生员工的积极性。如果管理者见到新方法就直接拿来用，而不经过研究和实验，那么就很有可能会在实施过程中遇到各种问题，从而造成资源和时间的浪费。

四、高校教学质量管理的原则

（一）坚持以教学为主

中华人民共和国成立以来的实践证明，以教学为主原则是符合普通教育工作规律的。1953年，教育部提出"学校以教学为中心"。在以后的几年里，各高校领导自觉地坚持以教学为主，全面发展学生德、智、体、美等方面，逐步提高教学质量，培养了一大批人才。1958年，我国进行"教育革命"，学校发展受到了干扰，教学质量就明显下降了。1959年，我国重新提出学校以教学为主，之后又进一步总结经验教训，制定了大、中、小学的工作条例，继续贯彻以教学为主原则，教学质量又有了显著的提高。学校以教学为主是由学校本身的性质、任务决定的。教学是学校的根本任务，就像生产是工厂的根本任务一样，否则学校就不能被称为学校了。学校的这种性质、任务，决定了教学工作是学校工作的中心，是处理矛盾、全面安排工作的出发点和落脚点。当然，坚持以教学为主并不是一件轻而易举的事情。学校必须端正办学指导思想，提高科学管理水平，改进工作作风和工作方法，才能切实做到这一点。

在一所学校内，各班级、各学科发展不平衡的状况说明，要切实做到以教学为主，就要使全体学生德、智、体、美诸方面都得到发展，还要提高教师的思想水平、业务水平和教学水平，充分发挥教师的主导作用和学生的学习积极性。

（二）坚持实事求是

"实事求是"是做好工作必须遵循的一项重要原则，也是学校实行科学管理的一项重要原则。不少学校领导对全面教学质量管理还不是很熟悉的。此时，学校领导就要努力学习、刻苦钻研、认真探索，从而逐步熟悉起来。在这个过程中，新情况、新问题不断出现，学校领导甚至会遇到挫折和失败，这都不足为怪。目前值得重视的一个问题是，在学校管理工作中，不少学校领导存在着"重经验，轻理论"的问题，进而阻碍了科学研究和科学实验的广泛深入开展。将这个问题解决了，学校领导学习科学理论指导学校管理实践的自觉性就会提高，工作的盲目性就会降低。只有将理论同实践结合在一起，才能从实际出发，找出周围事物的内部联系，从而做好教学质量管理工作。

（三）坚持民主集中制

保持学校师生员工心情舒畅、干劲倍增，这是学校发扬社会主义民主取得的成果。但是，我们不能只要民主，不要集中；只要自由，不要纪律，否则，连正常的教学秩序都无法保证，还谈什么教学质量管理呢？目前，学校领导在实施教学质量管理时应当注意以下三点。

1. 全党服从中央

学校领导要坚持个人服从组织，少数服从多数，下级服从上级，全党服从中央的原则。全党服从中央是维护党的集中统一的首要前提，是贯彻执行党的路线、方针、政策的根本保证，也是在政治上、思想上同党中央保持一致的重要条件。

2. 领导与群众相结合

学校领导要继承和发扬党的优良传统和作风，与群众同甘共苦，保持最密切的联系，不能脱离群众，凌驾于群众之上。在新的历史时期，新情况、新问题会不断出现。不论是决策与计划、组织与实施，还是检查与指导、总结与改进，都要从群众中来，到群众中去。

3. 集体领导必须和个人负责相结合

每个学校领导都要明确所负的具体责任，做到"事事有人管，人人有专责"，严格执行质量责任制。

（四）坚持思想政治工作优先

学校领导是师生员工的带路人。一所学校能否按照党中央和国务院指引的方向前进，成为社会主义精神文明基地，要看学校领导能否做好思想政治工作，能否对来自校内外的不良影响采取有力措施并加以遏制。近些年来，在教学质量管理中，一些学校出现了重视文化成绩，忽视学生德、智、体、美全面发展的倾向；重视知识传授，忽视发展能力的倾向。是否能够及时克服上述倾向，也要看学校领导能否做好思想政治工作。在教学质量管理工作中，学校领导应该明确思想政治工作的地位和作用，明确在新的历史时期加强思想政治工作的重要性，明确思想政治工作不能离开以教学为中心的轨道而孤立地进行。因此，学校领导要结合业务工作和日常管理活动开展思想政治工作。

五、高校教学质量管理的途径

（一）建立多元的高校教学质量管理观

高等教育的持续扩张，使得高等教育大众化进程越来越快。但受教育者数量的增长不仅是导致了大众化的表面现象，它带来的更深层次的变化是高校教学质量管理观的概念和模式的创新。高校应积极转变思想观念，并用积极的态度面对高等教育大众化阶段的挑战。高等教育大众化发展阶段的多样化特点促使高校教学质量管理视图和高等教育也向多样化方向发展。因此，管理者必须及时转变思想观念，将封闭内向思维转化为开放的现代国际思维。为了形成一个多元化的高校教学质量管理观，管理者应该主动进行高等教育理论和实践研究，确立多元化教学质量管理视图，避免使用既有的十项质量标准来衡量大学的一切活动。

（二）建立完善的高校教学质量管理体系

建立完善的教学质量管理体系，可有效提高教学质量。高校应该树立明确的质量意识，建立教学质量管理体系，充分发挥角色管理系统的作用。只有外部评价和监督措施是不够的，高校必须建立自己的教学质量管理体系。

（三）建立国际高校教学质量管理体系经验吸收观

中国的高校应借鉴国外成功的经验，加强国际交流与合作，建立符合中国高校实际情况的教学质量管理体系。

经过十多年的快速发展，中国的高等教育进入大众化发展阶段，质量是高校的生存和发展的关键。因此，要重新审视高等教育教学质量问题，建立更加完善的高校教学质量管理体系。学校要生存和发展，高等教育大众化的发展就必须在保证质量的前提下进行。只有这样，高等教育大众化才是有意义的。高校应该建立一组对应于现实背景多元化综合性高校教学质量管理体系，从各个层次的角度，确保人才培养的质量，提高高等教育的质量，最终实现中国高等教育的全面发展和可持续发展。

第三节　高校行政管理

高校管理体制改革是当前我国高等教育体制改革的核心，但也是一个难点。高校管理体制改革主要是高校行政管理体制的改革。尽管高校行政管理体制改革在我国有许多探索和实践，但我国具体国情使体制改革是不全面的，更多的本地改革属于推进阶段，产生了大量的问题。同时，这也影响了高等教育体制改革的整体效果，而且在某种程度上阻碍了改革的进程，增加了改革的成本。

政府和高等学校必须深入分析存在的问题，找出原因，积极探索解决方案，在转变政府管理职能、加强宏观调控、改革管理手段和方法，以及扩大高校的自主权等方面下功夫。高校本身应积极转变观念，打破"官本位"思想的禁锢，及时转变管理职能，加快人事分配制度改革，引入市场管理理念和机制，提高教学效率和效益，促进高等教育的整体改革深入发展。

一、我国高校行政管理体制改革的研究现况

目前，国际竞争主要是综合国力的竞争，尤其是人才的竞争。高校作为培养高素质人才的核心阵地，受到世界各国的普遍重视和大力支持。无论是发达国家还是发展中国家，都把高等教育作为本国发展战略的重要内容，这已经成为一种普遍的经验。目前，中国正致力于建设惠及数亿人口的全面小康社会。纵观外部环境和内在条件，在我国这样一个人口大国，必须积极将我国巨大的人口压力转变为建设全面小康社会的人力资源优势，实现人力资源向人才资本的转变，为国家培养千百万人才，全面提高国民素质。作为中国高等教育的重要载体，高校在21世纪被时代寄予了更高的期望，同时，也面临着更严峻的挑战和更难得的发展机遇。为了迎接这一挑战，近10年来，我国高校在教育体制上进行了不断的探索和实践，先后在招生体制、办学体制、行政管理体制等方面进行了较大步伐的改革，基本理顺了体制关系，调动和发展了高校办学积极性，改革效果初步展现，高校在社会经济发展中占有越来越重要的地位。

高校行政管理体制作为高等教育体制的核心和关键，在高等教育体制改革中发挥着特殊且不可替代的重要作用。高等院校要完成时代赋予的历史任务，必须

在大力加强教育科研工作的同时，努力建设科学有效的管理制度和高素质的管理队伍，为教育科研和社会服务工作保驾护航。这些年，在高校行政管理体制改革方面，先后落实了提高办学自主权、高校合并、后勤社会化改革、高校人事制度改革、"211工程"和"985工程"建设等措施，促进了高校的发展。但由于以前僵化的管理模式依然存在，改革大多是局部性，缺乏整体推进措施，在部分领域无法深入，整体效益得不到更好的体现，严重束缚了高等院校的改革与发展。

目前，对高校行政管理体制改革的研究较多，如办学自主权、高校合并、领导体制、办学体制、人事体制，但是，这些研究大多是对高校行政管理的某个方面或局部的研究，缺乏对行政管理体制的系统研究。现有的研究以对策研究为主，缺乏对某些深层次原因的深入研究。笔者认为，高校行政管理体制改革是一门系统工程，需要进行全面的、深入的分析，开展系统的、科学的改革，才能产生改革的整体效果。对这一问题的深入探讨和不断完善，有助于我国高校的发展和完善，有助于我国高等教育水平的整体提高，有助于我国21世纪宏伟目标的实现。它需要众多专家学者进行及时的理论分析、总结和构建，需要政府和学校管理层对此问题高度重视，转变观念和思路，积极实践。但同时，在我国特殊国情面前，历史积淀下的传统"人治"思想、"官本位"观念对我国高校行政管理体制改革有着不可忽视的影响。实现我国已明确的21世纪大学改革发展目标，将是一个长期而艰难的历史过程。进行我国高校行政管理体制改革，必须把问题放在既定的客观环境中。即要抓住事物主要矛盾和矛盾的主要方面。它需要更多的人对此进行更自觉、更深入的理论研究和实践探索，进而为高等学校管理体制改革提供科学有效的指导。

二、我国高校行政管理体制改革的依据

以发展为主题，以结构调整为主线，以政府部门权限移交和管理体制创新为动力，以提高办学质量为出发点，是这一时期高等教育改革的主要特点。当前，资源配置模式正由政府主导型的规划配置转向发挥政府宏观指导下的市场调节作用转变，教育政策越来越体现公平与效率的统一，人才培养的规格和模式越来越多样化，高等教育体制应由适应计划经济向市场经济转变。教育在促进思想道德观念更新、社会进步方面发挥着越来越重要的作用，建立现代高校制度是当前高等教育深化改革的必然要求。随着高校改革重心的逐步降低，高校本身在改革中变得越来越重要。发达国家的改革经验表明，教育改革必将经历一个从系统、宏观层面转向学校、微观层面的过程。这一转向是由高等教育自身的使命和功能决定的，因为人的培养毕竟是由学校承担的。随着高校办学自主权的落实，高校办

学规模和办学内容普遍扩大，内部管理活动的独立性和重要性也日益凸现。例如，学校自主制定发展规划；自主调配学校资源；拓展与发展公共关系；在围绕教职工与学生沟通办学工作的管理与服务等重大问题上，权力越来越大。消除高校内部的各种不适应，构建自我发展、自我克制、简化、高效的行政管理体系是构建现代大学制度的微观基础，也是行政管理体制改革的目标。这是来自高校内部的直接动因。高校作为学术性文化机构，具有组织的一般特征，管理制度和管理模式也有鲜明复杂的特点。由于学术活动"自然模糊性"的特点，难以明确规定高校的组织目标，高校也难以像一般社会组织那样严格遵循理性管理原则。例如，利用科学分层和科学管理设置机构，明确职责，实现效率最大化。这种特点决定了高校管理必然追求建立高效、灵活、创新的管理制度和运行机制。这种特点也表明，做好高校管理相当困难。作为一个规模大、职能多的知识型组织，高校事务正在发生变化，变得越来越复杂。现代信息技术的发展极大地改变了学校的职能和管理模式，大学已经从"传统学术田园守望者"转变为"创新的企业型大学开拓者"，管理模式在大学的生存和发展中越来越重要。加强管理，管理求效率、求效益，是高校生存发展的根本大计。

（一）高校行政管理体制改革的外部因素

一定的高等教育始终与一定的社会历史条件相联系，通过分析社会的宏观背景，可以为认识和分析高等教育提供更广阔的视野，有助于揭示高等教育改革发展的深层社会动因。要研究我国当代高等教育的宏观背景，就必须了解我国社会主义初级阶段的基本国情，分析当前国内外社会政治、经济、科技和文化教育等的发展变化及其对我国当代高等教育的深远影响。

（1）国家政治体制和行政体制改革的深入推进和发展，对高校行政管理体制改革提出了客观要求。

中国政治体制改革本质上是中国特色社会主义政治制度的自我完善和发展。我国政治体制和行政体制改革的内容主要表现为：完善党的领导机制，实行党政分离，促进党的领导和行政管理协调统一；强调将行政管理权力进一步下放给地方政府，加强与扩大地方政府在区域社会发展和经济建设过程中的主体作用和决策权限，强化宏观指导和监督；解决行政效率低下问题，消除臃肿机构设置，简化各级行政机构，提高行政效率。这些方面的改革促进了社会主义物质文明和精神文明建设，扩大了社会主义民主，巩固了人民民主专政，维护了安定团结的政治局面。社会主义政治体制和行政体制的发展变化，是我国高校行政管理体制改革最为深刻的社会动因，为我国高等教育体制改革和高等教育行政职能转变创造了有利的条件。

（2）市场经济体制的深入发展和不断完善要求高校行政管理体制进行相应的改革。

在社会主义市场经济体制下，多种经济成分的并存和发展冲击着办学主体的单一化结构和相应的管理模式。经济主体多元化排斥高度集中的教育决策行为，要求决策主体在决策权上明确划分。包括劳动力市场、资金市场、信息市场等在内的市场体系的健全，以及市场的多变性、竞争性、开放性和信息网络性特点的日益突出，都要求学校面向社会需求独立自主地办学，教育行政部门的宏观调控必须有合理的依据。

（3）高校行政管理体制改革是加入世界贸易组织（WTO）与高等教育国际化的要求。

加入WTO标志着中国改革开放进入了一个新的历史阶段，世界各国的高等教育管理体制和管理模式，必将冲击我国高等教育管理体制和管理模式。我国在教育服务方面的承诺对高校行政管理体制改革的影响极为明显，高等教育国际化成为高等教育改革的主要趋势。因此，办学自主权、高等教育理念、人才培养模式、学科专业设置、教学内容与课程体系、学生构成成分、教育经费筹措方式等不断在高校对外开放中发生重大变革。同时，政府教育管理行为应符合世贸组织有关条款的要求。教育政策法规的制定和执行将更加公开、透明，政府行政性审批将减少，使政府由直接管理向宏观管理和间接管理转变，进一步扩大学校办学自主权。

（4）高等学校通过近年来的调整、合并，学校规模扩大，对管理提出了更高的要求。

众所周知，管理不是无限的管理，它的作用对象和范围总是有限的。当管理对象超过该范围时，会影响管理的效果和效率，造成管理的低效，甚至混乱、无序、无效，最后适得其反。现在，高校的数量多、规模大，且由于旧体制遗留问题，高校管理事务烦琐，市场经济对高校的影响也越来越大，高校招生、就业、后勤社会化、人事制度改革、融资渠道变化等越来越受到市场、社会的影响。政府无法完全把握市场对高等学校的新需求，也不能完全满足大学的发展要求。因此，必须对传统高校行政管理体制及时进行改革和创新。

（5）高校行政管理体制改革是办大教育的要求。

人口多、自然资源相对不足、生产力水平不高和区域发展不平衡是我国基本国情。这一基本国情对我国高等教育事业的发展具有根本制约作用，是我们对发展战略进行思考，制定宏观规划的基本出发点。为了充分发挥现有高校的有限资源，为社会培养更多的建设性人才，产出更多、更好的科研成果，更好地为社会服务，我国大力加强高校行政管理体制改革力度，充分挖掘管理潜能，努力消除限制管理效果的束缚性因素。

（二）高校行政管理体制改革的内部因素

（1）教育大众化和教育收费制度的需要。

近几年，我国高等学校招生人数不断增加，学校规模不断扩大。20世纪90年代中期，万人大学在中国还是一所了不得的学校。现在，万人大学无处不在，三四万、五六万人的大学也不足为奇，可以说真的是形成一个小城市的规模。随着并轨招生制度的实行，学生开始缴费上学，承担教育成本。由于招生规模扩大，高等教育开始向大众化方向发展，学生付费上学在一定程度上体现了高等教育市场化的性质。因此，高等教育成为百姓日常关注的焦点，人们开始关注教育的效果、效率和公正性，这也对新形势下高校行政管理体制提出了更高的要求——加强管理问题研究，提高管理水平和效益，充分释放管理能量，提高办学效益、效率，满足日益社会化的高等教育发展要求。

（2）提高高校管理效率和效益势在必行。

目前，在我国高校行政管理体制中，管理的科学性、民主性不够，对办学效率和效果缺乏科学的评价、激励、监督和约束机制。管理者仍然习惯于计划经济条件下的思维模式，有时会以社会效益为借口掩盖投入与产出之间的矛盾，忽视资金使用效率。在项目建设投入中，缺乏相应的科学、民主的决策体制，忽视项目建设的过程管理和结果管理，从而在众多项目中造成了低效，浪费了资源，增大了成本。这些都要求我国合理化高校行政管理体制，改革不符合现实情况的管理制度和方法，从而提高办学效益，为社会发展提供更多的人力资源和知识支持。

（3）高等学校发展的内在需要。

中国高等教育正处于重要的转型期，这一转型不仅是适应国内外经济、社会发展的需要，也是中国高等教育自身的创新；既是高等教育外部关系的调整，也是高等教育内部关系的改革。在新形势下，一些传统体制因素束缚着高校的深入发展，如办学体制、人事管理、分配制度、保障制度。如何应对新的机遇和挑战，在管理方法上有创新和突破，是所有高校需要深思和回答的重大问题。高校要发展，就要大胆突破传统管理理念和制度，积极学习和创新发达国家高校行政管理的经验和做法，对不合时宜的管理制度进行大胆的改革和创新，积极探索适合自身发展的新机制、新举措。

（4）国家事业单位改革的需要。

改革开放以来，尤其是近几年来，国家积极推进事业单位改革，转变事业单位职能，实行事业单位机构和人事制度改革，在用人机制、职称评价机制、分配制度、保障制度等方面进行了积极的探索和实践，积累了有益的经验，形成了较好的改革氛围和条件。高校在新形势下，面临改革的大趋势，应深入分析社会新变化，明确高等教育职能的新内容、新任务、新要求，及时调整高校的管理制度、机制和方法，主动迎接国家事业单位大改革的挑战，共同推动社会全面发展。

（5）落实办学自主权，实现高校内部管理科学化的客观需要。

高校办学自主权的最终落实取决于高校内部管理科学化的实现，高校办学自主权是实现高校内部管理科学化的根本前提。高校办学自主权是指高校独立行使的自主改革和自主发展学校的权利。具体而言，是高校能够自主进行教学、科研和提供后勤服务的权力。从本质上讲，高校办学自主权问题主要是关于高校与政府部门之间权限的分配问题。扩大高校办学自主权是政府对高校的放权，高校成为具有独立法人地位的办学实体，对外具有发挥和拓展教育、科研、成果转化和产业化等自主权，对内有调配人、财、配置物等教育资源的自主权。管理科学化的本质是对组织所拥有的资源进行理性配置、组织和利用，产生最佳的效果。一个组织所拥有的资源数量和质量决定了其生产和提供产品的规模、质量，直接影响了一个组织的整体实力和竞争力。

高校任何一项工作的开展都离不开管理，因此，在一定程度上，管理的科学化直接关系到工作的最终成败。在新的发展形势下，各高校要在管理中求效益，实现高校内部管理科学化，以管理促进发展。这决定了在新的历史时期，高校办学要积极适应新环境，大力加强行政管理制度改革创新力度。当然，权力和责任是一对伴生物，权利和责任的相应原则告诉我们，大学在拥有办学自主权的同时，也须承担相应的责任。此外，高校需要科学合理地使用办学自主权，创新行使权力的方式方法。笔者认为，用好办学自主权的关键是理顺行政管理体制，消除限制体制发挥作用的束缚性因素，构建高素质的管理队伍，落实管理效果。

（6）稳定师资队伍，提高师资素质，为高校培养和储备高素质教育人才的需求。

建设一流大学不仅需要一流的师资队伍，更需要一流的管理水平。管理落后会导致管理低效，直接影响和限制教师的发挥。目前，一些大学的教训深刻说明了这一点。这也是一些人在一个单位不能体现作为人才的价值，到了另一个单位却成了座上宾的原因之一。基于此，要建设一流的大学、一流的教师队伍，就要建设一流的管理体制，使管理真正为教育科研服务，为教育、科研保驾护航，让教育、科研人员对学校有归属感，为学校的发展奠定最基本和最重要的基础。

（7）按照教学规则，回报学术需求。

高校是一个社会机构，每个机构的运作都要以一定的权力资源为支撑，按照一定的规律加以管理。高校与一般社会机构的区别在于，它是一个学术性的组织，教学、科研工作是中心工作，其管理也要遵循学术性组织的特点和规律。具体来说，高校要按照教学规则培养人才、开展科研工作。这就要求从事学术研究的人必须有相应的学术权力，在相应的决策活动中拥有一定的决策权。自高等教育改革以来，学术权力开始受到关注，部分学校先后成立了学术委员会等机构，但学术权力仍然非常有限，学校只能在行政权力下实行有限的学术权力。例如，高校教师职称评审权力由行政部门行使，评审委员会也由行政管理部门人员组成，评审委员会之上有由学校党委书记、校长、人事处长等组成的评审领导班子。学术委员会通过的，行政部门不一定批准；但学术委员会不通过的，行政部门可以开展行政审查。在当前形势下，改革以往不合理的行政权力和学术权力配置模式，对学校赋予学术权利，发挥教师教学、科研的积极性和创造性，让他们把自己的主要精力和黄金时间用在教学、科研上，才能产出更多的教育、科研成果，从而为社会服务。

三、我国高校行政管理体制改革的主要思路、对策和建议

加速推进和全面深化高校行政管理体制改革，这既是当前我们所面临的一项十分重要和紧迫的任务，又是一项异常复杂和艰巨的系统工程。我国现行的高校行政管理体制与我们所设计的改革目标模式之间，还存在着相当大的差距。深化我国高校行政管理体制改革的目的在于，使其更好地适应正在不断变革中的社会环境。同时，也只有不断地改变各种相关的社会经济条件和环境，才能进一步深化高校行政管理体制改革。从当前我国各项改革的实际进程和状况来看，在实现新、旧体制转轨、转型的过程中，我们依然面临着一系列的改革难题和障碍。只有排除这些改革障碍，解决这些难题，才能实现既定的改革目标。

（一）主要思路

（1）进一步解放思想，转变观念，是继续推进和深化我国高校行政管理体制改革的先决条件。

在计划经济体制下，人们已经形成了一整套与传统事业单位行政管理体制相适应的传统"事业观念"。即长期以来，科学、教育、文化、卫生、体育等社会活动被视为"事业"，凡是"事业"就应由国家包办，凡是"事业人员"均为"国家干部"；"事业"属于上层建筑领域，是非生产性活动，不创造价值；"事业单位"所提供的各种产品和服务，均属于社会公益性和福利性公共产品，

不能产业化与市场化；等等。这些观念既是形成传统事业单位行政管理体制的理论基础，又是其的现实反映。改革开放以来，人们的传统思想逐步得到一定程度的解放，传统观念有所转变，但从深层次上看，在我国现行的"事业"领域里依然存在着许多改革禁区或误区。其根源就在于人们的思想认识里依然存在许多禁区或误区，不改变这些落后的观念，改革就会寸步难行。为了推动思想解放，促进观念转变，统一思想认识，明确改革目标，尽量减少改革的阻力和降低改革的成本，我们必须大力加强高校行政管理体制改革方面的理论研究，认真总结前期改革的经验，积极开展学术交流和理论宣传，创造良好的改革环境和条件。与此同时，我们还要从理论上打破传统观念，树立高等教育管理社会化思想，推进管理主体社会化进程，实现管理效能社会化，从而促进我国高等教育与社会政治、经济的改革和发展相适应，以实现高校行政管理体制改革的最终目标。

（2）建立政府宏观管理、学校自主办学的管理体制。

随着政治和科技体制的发展变化，针对高等教育事业发展的实际需求，应理顺政府与高等学校、中央与地方、中央教育主管部门与中央其他业务主管部门之间的关系，逐步建立起举办者、管理者和办学者职责分明，中央与省级政府分级管理、分工负责并且以地方为主，条块关系有机结合，学校面向社会依法自主办学的高等教育管理新体制。

概括而言，政府对高校的管理应主要体现在对教育的规划、教育经费的管理与控制、教育质量的评估与监督这三个方面。当前，我国在高校办学自主权和大学内部管理方面存在许多问题，如在办学自主权方面，存在权力下放得不够、不彻底等问题，直接影响学校管理的科学化。总的来说，最大的问题就是两者未能很好地协调与配合，未能做到交相辉映、相得益彰。针对这个问题，笔者认为，当前要处理好高校办学自主权与大学内部管理的关系，应从以下两个方面着手。

一是在观念上，高等学校不但要"扩权"，也要"用权"，两者必须统一。首先，政府作为主管部门，要确实改变"大一统"的管理观念，适应时代变化对大学提出的新要求，真正下放权力，使高校拥有真正的办学自主权，变过去的具体管理为必要的宏观管理。值得注意的是，在权力下放的过程中，不仅要讲究力度，还要讲究速度。在现实中，有的政府不愿放权或者有害怕一放就乱的顾虑，因而行动迟缓，影响了高校的发展。此外，比较特殊的是，对于划转、共建共管等高校，权力要切实下放，防止权力被转移。对于滥用自主权和权力一放就乱的高校，可以通过评估等监控机制，及时采取措施，予以纠正。其次，高校也必须改变过去那种坐等上级指示和命令的无所作为的管理观念，要意识到办学自主权不仅是高校应有的权力，同时也是高校健康发展的原动力。对于政府所下放的自主权，高校应主动迎接，并根据学校自身的特色运用到高校的管理当中，从而推进管理的科学化进程，让自主权适得其所，发挥出最大的功效。按照新的管理体制，高校应该是独立办学的法人实体，拥有依法自主办学的权力。具体来说，高校可以根据国家颁发的有关法律、法规，依据国家确定的专业目录制定招生计划和落实本校的录取标准、培养规格、基本学制，以及学位和职称评定标准。高等学校在专业设置、招生、指导毕业生就业、组织教育教学活动、开展科学研究与技术开发、筹措和配置及使用经费、机构设置与人事安排、职称评定与工资分配、对外交流等方面拥有充分的自主权。学校要努力形成主动适应国家经济建设和社会发展需要的自我激励、自我发展、自我约束的运行机制。

二是政府应转换管理职能，理顺条块关系。在新的体制下，政府不仅要向学校下放很多权限，而且其管理职能也要发生根本性转换。即从过去主要实施直接行政管理转变为更加重视运用规划、法律、经济、评估、信息服务等途径来间接实现宏观管理；从过去干预具体的办学过程与日常事务的管理转向宏观的办学目标与发展方向的管理；从过去单一依靠政府行政职能部门的管理作用转换为日益重视发挥社会学术组织、研究机构和民间团体等中介组织的管理作用。新体制的基本框架是中央与省级政府两级管理、分工负责，并且根据区域经济迅猛发展的实际，进一步扩大或强化省级政府管理、发展高等教育的权限与职责。中央政府的职责主要是制定国民高等教育事业的宏观规划、基本政策与质量标准，组织高等教育办学方向与质量效益的检查评估，为高等教育改革发展提供综合的信息服务，直接管理一部分关系国家经济建设和社会发展全局或者地方政府不便管理的重点高校。在中央的宏观指导下，省级政府对所属区域的高等教育在制定发展规划、开发配置资源、组织检查评估，以及新设专科及高等职业学校的审批等方面拥有管理决策权。

（3）完善高等教育法制，为高校办学自主权的扩大和大学内部管理科学化提供保障。

高校办学自主权的扩大和内部管理科学化，必须有强有力的法律法规作为保障。现行的《中华人民共和国教育法》和《中华人民共和国高等教育法》以及其他相关的法规、法令虽然对高校的办学自主权和学校的管理做出了一些规定，但还不够完善，在规范政府、高校、社会的职责、权利和义务等方面，还有待于现行法律的进一步完善及其他相关法律的出台。经过多年的改革，我国中央与地方政府对高等教育的分级管理及点面结合的体制已经初步建立。面对新的形势，政府职能和管理方式的转变，是教育体制创新的关键，有待于继续探索和创新。加强高等教育法治建设、依法执教，是中国教育现代化必然要求。但是，我国的教育立法工作还处在架构体系、完善法规的阶段。第三次全国教育工作会议特别强调，要按照《中华人民共和国高等教育法》的规定落实和扩大高校办学自主权，增强学校适应当地经济和社会发展的活力。落实高等教育办学自主权这一中国高校改革和发展的关键，不仅要有较为明确的法规、条例支持的宏观外部条件，还要有高校内部改革、自我约束的微观内在机制。因此，我们必须将整个教育系统建立在法制的基础上，用法律来维护各管理主体的社会地位，划分各自的权限，明确各自的义务和责任，并真正做到有法必依，才能保证高等教育体制高效有序地运行。

一是要明确政府管理的权力与责任、政府与高校的关系。只有政府依法行政、学校依法办学，教育体制的改革与创新才能走上法治化的轨道。政府从直接的行政管理向间接的宏观管理转变，涉及责、权、利关系的调整，将引起政府管理手段和方式的革新。法律既保证政府能有力地行使其职能，又制约政府的行为，有利于政府职能的明确界定。政府要调整和革新管理手段和方式，尽量减少使用行政审批手段。政府是行政机构，高校是教学和学术机构，两者的活动内容与方式不同。因此，政府管理高校应遵循教育规律与学术规律，进行宏观和间接管理。

二是加强政府的宏观管理。表现在政府与学校的关系上，是政府从直接的行政管理转向依法进行宏观管理，保证学校的办学自主权；表现在政府与市场的关系上，是由政府制定和执行市场准入与市场运行准则，规范市场秩序，发挥市场对教育的适度调节作用。政府可适当应用市场机制进行宏观管理，但必须坚持公平与效率的原则，优胜劣汰。教育机会的不均等和不公平，要求政府在应用市场机制进行宏观管理的过程中，一方面，要明确公共教育资源主要是政府教育经费的分配，应当坚持公平优先、兼顾效率的原则，即在平等地保证基本需求的前提下，向效率高的优质教育部分重点倾斜，并且创造一个公平竞争的环境和机制；另一方面，应运用经济杠杆调节教育供求关系，建立和完善政府和社会的资助制度，通过奖学金、助学金、贷学金等形式，帮助家境贫寒的学生获得平等的受教育机会。我国城乡之间、地区之间的教育水平、教育条件和教育机会的差距很大，大力加强农村教育，提高教育水平，让农民子弟有更多的机会进入高等学校，是我国政府教育宏观管理中的一项重要任务和重大课题。

三是建立与社会主义市场经济相适应的高等教育运行机制。在市场经济环境中，旧有的高等教育运行机制必须调整。培养高级专门人才、创造新科技知识的高校，在市场经济条件下必然会或多或少地与劳动力市场、知识市场建立关系，并受到市场活动的直接调节。因此，高校要成为一个相对独立的实体，拥有自我支配、自我约束和自我发展的权利。当然，在社会主义市场经济中，高等学校与市场活动的关系不是自发的、盲目的，而是要处在政府的有力引导、干预和调控之下，是政府宏观计划下的市场调节活动。例如，对于提供准公共产品的高校，政府应该实行宏观调控。笔者认为，在社会主义市场经济环境中，政府、高等学校和市场的关系应该是"政府宏观调控，学校自主办学，市场积极引导"的模式。政府的宏观调控主要是运用计划、行政、法律、经济等手段，对高等教育的办学方向、发展进程、教学活动及教学结果等方面进行调控。高等学校自主办学，一方面要在政府的宏观调控之下开展，另一方面则要在市场活动中得以强化。价值规律、等价交换原则和市场作用机制使得高等学校在办学活动中引进市场机制，适应社会供需变化，不断形成自身特色，同时，在外部竞争压力和内在利益的驱使下，逐步形成自我积累、自我发展、自我约束、自我完善的能力；在自主办学、保持自身特色的前提下，积极建立横向联系、联合协作的办学模式。对高校而言，市场概念包括两大部分：一是高等学校外部市场（社会市场），包括劳动力市场、科技知识市场和资金市场等；二是高等学校内部市场（院校市场），主要指高校内部活动中的一些市场现象、市场要素和市场关系。

（二）对策和建议

高校内部的行政管理体制改革是一个相当复杂的问题。目前，我国高校在这方面存在的问题还比较普遍且严重，不仅与我国社会发展的需要不相适应，还严重制约着高校自身的有效运行，妨碍着高校职能的充分发挥。改革高校内部的行政管理体制，要按照教育规律管理学校，在教育教学观念改革已经取得重大进展的背景下，为教学、科研、服务工作创造良好的运行机制。这既是实施科教兴国战略和发展社会主义市场经济的需要，也是高等教育改革和发展的需要。基于上述种种原因，今后的改革应在以下两个方面进行创新和突破。

（1）转变管理理念，树立经营学校的观念。

一切改革，必须观念先行，没有观念的转变，就不可能有行动的解放。在社会大转型和大变革的时代，高校必须及时调整自己的管理理念，积极吸收借鉴先进经验，创新自己的管理思想。高校不再是封闭的象牙塔，与社会的联系日渐紧密，这使得高校社会化的进程加快。高校投融资体制的转变，社会化办学的冲击，高等教育产业的日渐深入发展，都迫切需要高校遵循教育发展的规律和市场发展的规律，以经营学校的观念来指导学校的管理工作，不断壮大自己的办学实力，从而更好地为教学、科研服务。

（2）加强高校管理职能的调整力度，推进机构改革的进程。

高校以前的管理主要是一种行政管理，是一种大管理和单一管理，管理高校所有师生员工的日常生活，事无巨细。在知识经济时代，知识不再是间接地影响经济，而是直接参与经济活动，已经成为经济生活的一个部分。知识通过掌握知识的劳动者体现出来，并能直接转化为财富，即实现知识物化。例如，国家机关、企业集团在大学里建立研究中心，高校创立和发展科技园。这就使得高校的管理对象复杂化、管理内容多样化、管理需求多元化。在这样的新情况面前，高校要及时调整自己的管理职能，明确哪些是自己必须管的，哪些是不必管的，哪些是可以委托管理的，从而把管理学校的主要精力放在学校的发展大局上，并根据自己职能的变化，适时进行相应的管理机构改革，从而提高管理效益和效率。

第四节　高校学生管理

21世纪是知识和信息高速发展的时代，我们面临的经济和政治环境已经发生了深刻的变化。在校大学生是未来社会的知识精英和国家的栋梁。他们的素质如何，直接关系到中国特色社会主义事业是否有接班人，关系到中华民族伟大复兴。高等院校是培养和造就适应21世纪社会发展的合格人才的基地，其培养目标是具有创新精神和实践能力的高级人才，科学、规范、创新的学生管理活动是实现这一目标的重要保证。学生管理工作是高校各项工作的主要组成部分，体现了学校校风、学校风貌。学校管理水平的高低已成为衡量学校综合水平的标准。在高校后勤社会化改革、并轨后"双选"就业政策等新形势下，高校学生管理工作出现了许多新情况、新问题。如何使学生管理工作科学化、制度化、法治化，培养合格人才，是当前学校管理研究的重要课题，也是公共管理学研究的重要内容。学生管理工作是高校教学工作的重要组成部分。近年来，随着我国社会体制改革和高等教育改革的进一步深化，大学生的学习和生活环境发生了新的变化，高校学生管理工作也面临着新的挑战。目前，学生管理工作面临的主要问题是管理体制改革相对滞后、管理方法陈旧、管理制度不健全。

随着我国社会主义市场经济体制的逐步建立和完善，当代大学生成长的外部环境和内在因素发生了很大变化，教育管理制度改革、收费制度改革、高校后勤社会化、就业形势严峻等都给学生管理工作带来了许多新问题，互联网的负面效应也对高校学生管理工作提出了新的挑战。加强和改进高校学生管理工作的对策是在明确管理目标的基础上，树立科学的管理理念。高校学生管理工作应变被动为主动，以人为本，强调学生的主动性，注重学生的主观特性，尊重学生的个性发展，坚持教学与管理相结合，加强学生自我管理能力。在此基础上，还应积极探索新的管理模式，完善学生管理体制，建立"分散—集中"的管理模式，变多中心的"小而全"为集中的"精而专"，变间接管理为直接管理。学校应积极运用网络管理、社团管理、公寓管理等新手段，拓展学生管理工作空间，使高校学生管理工作进一步科学化、制度化、规范化。

一、当代大学生的特点

学生管理工作是高校教育教学工作的重要组成部分。近年来，随着我国社会改革和高等教育改革的进一步深化，大学生的学习和生活环境发生了新的变化，高校学生管理工作也面临着新的挑战。大学生这个特殊群体的特点决定了学生管理工作的特点。当代大学生的特点是思想认识多元化，生活、学习方式多样化，性格特征复杂化。

（一）思想认识多元化

自进入社会高速发展时期以来，特别是在现阶段的社会转型时期，大学生成为社会上一个令人瞩目的群体。作为学生管理工作的客体，大学生具有思想认识多元化的特点。一是思想具有社会性。大学生思想认识源于社会，紧跟时代步伐，社会上的一切动态都有可能对大学生产生影响。二是认知具有能动性。大学生是富有主观能动性和积极创造性的群体，他们在接受思想政治教育时往往从自己的主观出发，具有主动的选择意向，这也体现了他们独具个性的自我认知状态。三是身心的可变性。大学生是一群从生理到心理趋向成熟的群体，特别是在心理上、思想上，可塑性极大。在时代变迁、社会转型的宏观背景下，有理想、有追求是当代大学生的主体要求。通过大量的问卷调查和对座谈会记录的分析，可以肯定的是，绝大多数当代大学生是热爱党、热爱社会主义的，有较高的思想素质和道德观念，有较强的责任感和使命感，

当代大学生的思想状况主要表现为以下三点。

（1）爱国热情高涨，理想信念坚定。

从总体上看，当前大学生的思想状况是积极、健康、向上的。令人欣喜的是，大学生保持了较高的爱国热情，能理性地看待国家改革、发展面临的机遇和困难，对保持稳定的政治局势和经济的可持续发展有信心。

（2）健康积极看待人生，务实进取，注重实现自我价值。

健康积极、务实进取是大学生人生观和价值观的主流。相比以往，今天的大学生更加注重自我价值的实现，并渴望能将对社会的贡献和个人价值的实现统一起来。

大学生健康积极的人生态度主要表现在绝大多数学生的基本价值判断上。比如，在某一调查中，评价什么是"成功"时，近八成的学生把对社会和集体的贡献放在了第一位；在人与人之间关系的问题上，大多数学生反对"人与人之间只有永恒的利益，没有永恒的友谊"这一观点；针对"帮助别人往往会使自己吃亏"的观点，大多数学生明确表示反对；在处理个人、集体、国家三者利益关系的问题上，大多数学生认为"在关键时刻个人利益要服从国家和集体的利益"；对于社会公益活动，如献血和志愿者服务，绝大多数学生表示乐于参加。调查结

果同时也表明，尽管大学生人生观、价值观的主流是健康向上，在价值判断上高度认同奉献精神、社会责任感、国家和集体的利益高于一切等，但在具体的价值选择上，部分大学生更加注重自我发展、自我实现，大学生的人生观、价值观呈现出多样化的特征。

（3）拥护高等教育改革，注重素质教育。

随着我国高等教育改革的不断深入，改革的成果逐步显现出来。大学生作为这些改革措施最直接的受益者，自然成了高等教育改革的拥护者和促进者。与改革相伴而来的是竞争的加剧，就业的压力激发了学生成功、成才的愿望和自觉性，使大学生更加注重自身素质的提高。

调查结果表明，大学生十分关注学校的建设和发展，对高等教育改革，特别是其中有利于自身发展、提升自身社会竞争力的改革高度认同。绝大多数学生赞同全面推进素质教育、深化教学改革，对改革毕业生就业制度和鼓励大学生自主创业持肯定态度。大学生们普遍反映，高校后勤社会化改革转变了高校后勤的社会服务意识和服务观念，使学校的学习、生活条件有了一定的改善。身处校园的大学生已深知社会竞争的激烈，他们渴望通过在大学的学习来丰富和完善自己，占领就业上的制高点，赢得发展上的主动权。相比以往，大学校园学习气氛更加浓厚，学风也有了明显好转。

高等教育改革的中心目标是培养高质量的人才，满足社会需求，进而促进社会的发展，而社会的发展又给大学生带来了成才的机遇和施展才华的舞台。因此，教育改革的目标与学生的成才愿望在根本上是一致的，这使大学生成了高等教育改革的积极拥护者。

（二）生活、学习方式多样化

升入大学后，学生们进入了人生的新起点，无论是在学习方式还是生活上，都会与原来大不相同。

（1）生活方式多样化。

生活方式是指人们在衣着、饮食、住房、交通、爱好、文化活动、民俗等方面的行为习惯。据调查，在大学里，一些学生在学习上花了很多时间；一些学生经常逃课上网；一些学生利用业余时间赚钱；一些学生喜欢运动；一些学生喜欢和同学一起旅行；等等。

（2）学习方式多样化。

进入大学后，如何处理好教材知识与课外知识、专业学习和能力培养的关系，是许多大学生深感矛盾和困惑的问题。大学生的学习方式除了主要的上课外，还包括自学、学术交流、社会实践等。当然，这些学习方式在中小学也有一定程度的应用，但在大学里，这些方式更容易被大学生所采用。大学生获取知识的方式和渠道多种多样，学会以多种方式学习是大学生必须掌握的一项基本技能。随着学分制的实施和素质教育的落实，大学生自主选择专业、课程、目标和自我发展的意识相对增强。随着后勤服务的社会化，以班级群体为主体的大学生基本组织形式逐渐弱化。这些都是大学生学习方式和生活方式多样化的具体表现。此外，大学生在通过网络获取知识和信息的同时，也在一定程度上受到了网络的负面影响，这是不容忽视的问题，应对此进行一定的规范与引导。

（三）性格特征复杂化

大学生性格特征复杂化主要表现在以下三个方面。

（1）现实与理想的不协调。

许多大学生能冷静、理性地看待社会实际，且更关注社会实际中关于他们自身生存发展的问题，如个人发展机会、职位高低和工资收入成为大学生择业的重要评价指标。

（2）追求与需求的不协调性。

大学生理解新知识，吸收新观念，在自主选择学习内容过程中的目的性逐步增强。但是，他们经常只满足于自己的喜好、眼前的需要，对自己的能力水平、综合素质等方面缺少正确的判断，缺乏更高、更全面、更长远的目标和要求。

（3）心理与个性发展的不协调。

当前，大学生中独生子女比例较高，他们具有较强的自我意识、竞争意识和自强精神，追求个性化发展，因此，部分学生的集体主义观念、团队合作精神较弱，自我控制能力较差，心理素质不高。部分大学生出于学习和就业压力大、恋爱挫折、环境失调、人际关系不协调等原因，容易产生心理障碍，出现厌学厌世的现象。他们对学校、社会的期望值较高，但对社会竞争激烈的认识不够，即自我意识强，注重自我价值的实现，但对实现自我价值需付出的努力缺乏正确的认识。

二、高校学生管理制度的基本内涵

对某一事物开展研究需从其本质属性入手，即对高校学生管理制度的研究需要建立在了解其基本内涵的基础上，通过了解制度构建的原则来把握制度的中心和灵魂，而功能是属性的子集，对功能的把握有助于更清楚地掌握制度的作用和意义。

（一）高校学生管理制度的概念

高校学生管理制度是一个合成词，对其概念的完整解读需要在逐步阐明"制度""高校制度""高校学生管理"的基础上完成。

"制度"一词可以分别从语义分析和学科分析的角度来理解。从语义分析的角度看，制度是指人们的行为规范。在《辞海》中，制度的第二含义是要求大家共同遵守的办事规程或行动准则。"制度"的英文可译为System或Institution，前者指宏观角度的系统、体制、秩序，后者多指微观层面的风俗、习惯、规则、法律等。在马克思的著作中，制度是指构成社会的所有规则体系，包括经济制度和上层建筑。马克思从"生产"这一人类最基本的实践活动出发，将一定制度的形成归结为一定的生产关系以及适应并维持这种生产关系的社会机构和规则的建立过程。马克思主义经济学认为，制度的本质在于规范社会分工协作体中不同集团、阶层和阶级之间的利益关系。通过对上述概念的梳理可以看出，不同学科对制度的定义不同，但"制度是控制人类行为的规则"这一理解是公认的。在一般意义上，制度对人的行为的控制是"引导人的行为"，"引导"既有"约束、限制"，也包括"激励、促进"。

"高校制度"是制度的子层次概念，是针对高校这一特定组织制定的。有专家认为，高校制度是协调和规范高校组织的各种行为，使其有效适应环境的一套制度安排和运行机制。对于"高校制度"的定义，学界没有达成一致的意见和说法，但学者普遍认为它应该包括三个方面的内容，即大学自治、学术自由和教授治校（学），它们是高校与社会利益相关群体及高校内部群体之间相互联系的基本原则，也是在复杂性日增的现代社会中各国高校平稳运行发展的机制性保障，是现代大学的根本特征。

"高校学生管理"是高等教育的学术研究用语，在不同的历史时期有不同的称呼和内涵，使用过"学生思想政治教育""学生工作""学生事务工作""学生事务管理"等称呼。根据不同的管理领域，学界对高中生的管理有两个定义。一是非学术性事务和课外活动领域的管理。二是涉及教育、科研、学生事务的各个领域的管理。陈瑜老师认为，高校学生管理是高校通过思想道德教育、非学术事务及课外活动等方式影响学生，凭借教育、管理、指导和服务学生，促进学生学习和全面发展的组织活动。无论哪个定义，高校学生管理的目标都是一致的——促进学生全面发展。笔者通过对现有观点的比较分析，认为高校学生管理是高校按照教育方针的要求，遵循教育规律，在一定的教育价值观的指导下，运用科学的方法，有目的、有计划、有组织地对学生产生教育作用，并指导、规范和服务学生，促进学生的成长成才的一种组织活动。高校学生管理的主要内容包括思想政治教育、学籍管理、行为规范、奖惩管理四个部分。

（二）高校学生管理制度的功能

高校学生管理制度是促进高校发展的重要因素，也是高校学生管理工作的标志性成果。制度对高校发展的影响很大，许多高等学校在发展中遇到困境，不仅是因为经费的匮乏，还因为优良制度的缺失。高校学生管理制度对高校学生管理工作的开展主要具有以下两个功能。

（1）高校学生管理制度对高校学生的服务功能。

高校学生管理的主要功能是服务，高校学生管理制度建设无疑要为学生在校学习生活做好服务工作。高校学生管理制度侧重于为学生的成长和成才创设良好的氛围，提供保障和支持，促进学生在社会、职业、情感、道德等方面的发展，从而完成直接服务于高校人才培养工作的使命。高校学生管理制度服务于大学生学习和生活的方方面面，如建立导师制度，明确导师职责是指导学生的高校学习理念和方法，满足学生的学习需求，协助班主任开展学生工作；建立学生党建工作制度，根据党章细化党支部工作内容和形式，制订预备党员培养措施，完善学生新党员培养、考核和批准程序；建立班级管理制度，组织制订新生年级及班级公约、文明规范、综合评价规定、班级干部职责规定、寝室公约等相关管理规定，从制度上保障良好班风的形成。高校学生管理制度在维护学生权益等方面发挥了不可忽视的作用，为其身心健康发展提供了不可或缺的支持。在高校学生管理制度设计中，要以"以人为本"为导向，在尊重大学生个性发展的同时，增强学生管理的弹性和灵活性，赋予学生自主学习的权利，包括选择教师、专业、学习方式等各方面的自由。高校学生管理应以制度的方式推进服务行为，尽量满足学生个性化和多样化的学习需要，引导学生自觉沿着信仰、理想的方向前进，真正为学生提供服务，使学生能够自我管理，从而提高管理效率。

（2）高校学生管理制度在学生管理工作中的协调与规范功能。

民主科学的高校学生管理制度，对高校学生管理工作具有重要的协调与规范功能。高校学生生活在社会大系统中，也生活在各种关系中，如与社会、家庭、学校、班级和他人的关系，处理好这些关系，除了凭借大学生自身的努力外，还需要发挥高校学生管理制度的协调作用。规章制度可以明确高校管理人员和教育工作者的各项管理职责。高校学生管理是高校管理的组成部分，高校学生管理制度是维护和稳定学校教育教学秩序的重要保证。教育部发布的《普通高等学校学生管理规定》对高校学生入学、注册、考核、成绩记录、纪律考核、休学、复学、退学、奖励、处分、毕业、结业和辍学等方面的管理做出了相关规定，各高校根据国家教育委员会的有关规定结合高校自身实际制定了高校学生管理制度。在制度建立后，学校首先要向学生说明，然后组织学生进行学习讨论，最后落实。制度旨在形成严格有序的生活秩序和学习环境，施加必要合理的压力，使学生产生奋发向上的动力。设立高校学生管理制度的目的不是限制、惩罚学生，而是指导学生的学习和成长，鼓励学生在健康成长的基本轨迹上不断前进。这不仅体现了党和国家的教育方针、政策，保证了培养目标的实现，还维护了广大学生的学习权利等切身利益。

由此可见，高校学生管理制度不仅是高校学生管理工作中的重要教育手段，对于促进学生身心健康发展、鼓励学生早日成才具有重要的协调和规范化功能，而且有助于培养21世纪需要的综合素质高、具有创新精神和实践能力的高级人才。要实现这一目标，新形势下的高校学生管理工作必须树立以人为中心的管理思想，既把学生视为管理对象，也把学生视为管理主体，在管理中充分发扬民主，调动学生的积极性，加强学生的自我管理。我们需要不断加强学生管理工作队伍的建设，运用现代化教学管理手段，探索新的管理模式，使高校学生管理工作进一步科学化、制度化、规范化。我们相信，只要不断学习、积极探索，大学生管理工作一定能适应新形势的要求，为人才培养做出更大的贡献。

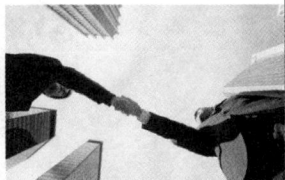

第三章

『互联网＋』时代下高校教育管理工作的新机遇和新挑战

第一节 "互联网＋"时代的来临

一、互联网在我国的迅猛发展

互联网已渗透社会生活的各个角落，对人们传统的生产和生活方式产生了巨大冲击，人类的生产和生活方式正在经历着脱胎换骨式的伟大变革，"互联网＋"时代已经来临。人们的情感理念、价值取向、道德标准、思维方式、行为习惯等，都随之发生了巨大而深刻的变化。

自1994年中国接入国际互联网以来，中国互联网用户的数量增长迅猛，互联网在中国表现出前所未有的生机与活力。互联网给青少年铺设了通向知识海洋的广阔大道，舒缓了人们的心理压力与烦恼，也给青少年造成了一定的负面影响。如果一些缺乏分辨力的青少年在心理不成熟的情况下，草率盲目地投身其中，那么他们的正常生活、学习以至身心健康都会受到严重影响，甚至导致他们走上自杀及犯罪的道路。因此，一些家长谈"网"色变，把互联网当作洪水猛兽。网瘾成为社会顽疾，不仅反映出家庭教育、学校教育的失误和青少年的人格弱点，更反映了当今网络与电子游戏产业的副作用。

2022年2月25日，中国互联网络信息中心（CNNIC）发布第49次《中国互联网络发展状况统计报告》（以下简称《报告》）。《报告》显示，截至2021年12月，我国网民规模达10.32亿，较2020年12月增长约4296万，互联网普及率达73.00%。即时通信系统等新兴互联网技术目前基本实现并得到快速应用。

为了包括大学生在内的青少年的健康成长，我们必须以积极的思维和心态去面对"互联网＋"时代。那些一头扎进"网海"不想上岸的网瘾者和那些谈"网"色变的人，都将被时代淘汰"出局"。如果不愿悲剧发生，就需要正确利用互联网，提升自我素质，打造新型的、健康的"两栖型"自我。

二、网络改变生活

互联网改变了传统媒体的作用和人们日常的交流方式、政府与民众的交往方式对中国相传统的文化和体制产生了深远的影响。中国社会科学院社会发展研究中心分别于2005、2008、2014年开展了关于中国互联网使用及其社会影响的问卷调查，对"互联网＋"的社会影响进行了深入研究。通过对北京、上海、广州、成都、长沙等城市常住人口中年龄在16～65岁的男女居民进行调查，调查方式为随机抽样，最终获得有效样本2376个，其中，网民样本1169个、非网民样本1207个。与传统的电视、报纸等媒体不同，互联网是一条综合性的信息高速公路，涵盖了各种传播方式，传播各种信息，扮演着许多社会角色。一方面，网民使用互联网的感受，以及非网民通过传统媒体了解互联网的行为，都会影响人们的认知。另一方面，这些对互联网的认知也会反过来影响人们是否使用互联网及人们如何使用互联网。问卷调查显示，将网络视为信息中心的人最多（79.00%），其次是新闻媒体（55.10%）。由于网络经验的不同，网民对网络各种功能的认知度高于非网民。事实上，互联网作为信息传播媒介只是其众多强大功能的体现之一，且在我国互联网发展的头十年，这一功能被最大限度地彰显出来，成为公众对互联网的第一印象。互联网的快捷性、互动性等优势确实能更好地满足人们的需求，这使其成为许多网民乃至传统媒体获取信息的重要来源。

大学生对新事物充满好奇心，而互联网以其传播速度快、内容新、手段先进等优势迎合大学生的好奇心，引起他们的关注和兴趣，激发学生们学习网络知识的热情。作为网民主体之一的大学生，其上网行为是否健康，直接关系到网络文明乃至未来整个社会文明的进程。

第二节 "互联网＋"时代下高校教育管理工作的指导思想与准则

一、指导思想

（一）坚持以学生为本的工作理念

坚持以学生为本的工作理念，即在开展学生管理工作时，一方面，要在深入了解学生的基础上，从学生的实际出发，从学生的需要和愿望出发，想学生所想，急学生所急，帮助学生解决成长中遇到的各种问题；另一方面，要充分相信学生，尊重学生的主体性，注重发挥学生的自我教育、自我管理能力，在教学过程中突出教师的主导地位、学生的主体地位。当前的高校教育如同同向化教育，在此基础上，教师引导起着重要的作用。大学教育不同于小学、中学教育，是一种灵活的教育、多变的教育，学生可以根据自己的兴趣学习选修课。在管理中如何坚持以学生为本，成为教师在今后的教学和管理工作中的中心问题。

1.理解"管理"的真正含义，实现教师与学生的有效沟通

当前，部分老师与学生的距离越来越远，沟通也越来越少，老师不能真正理解学生的实际意图，而学生更不能理解老师的良苦用心。影响教师管理质量的因素有很多，有内因和外因之分。内因是教师需要赢得同学的认可，如用博学的知识来赢得学生的钦佩，让学生产生一种不服输的劲头，师生平等交流、一起奋斗。而外因也有很多，如校园环境、管理结构。在种种因素的作用下，教师的管理工作或许会有一定的困难，但是只要实现了沟通、互相理解，那么管理质量就能得到有效提高。沟通促进发展，沟通成就未来。

2.注重全面提升学生综合素质

在大学期间，老师不仅要教导学生学习文化知识，更要注重全面提升学生综合素质。从大学生自身发展状况来看，当代大学生正处在世界观、人生观、价值

观形成与发展的重要时期，此时，教师的引导与教育作用就显得尤为重要。

3. 在教学中以学生为本

以学生为本是指把学生作为学校教育和管理的根本，始终把学生的利益放在第一位，在尊重学生的立场和想法的基础上开展工作。但是，以学生为本绝不是对学生一味地宽容和对其一切想法的全力支持，更不是放弃师生关系中最基本的道德要求和行为规范。由学生自己制订学习计划比较困难，但这一理念是我们必须坚持的。中国学生的应试能力很好，但实际操作能力较差，想象力也非常不足。在当前的实际教学中，只有提高学生的动手能力和想象能力，才能把学生培养成全面的人才。知识是一个人成功的根本，学习是为未来投资。现在有些大学生认为考上大学就能成功，上了大学就糊里糊涂地度过了四年。因此，改变大学生的学习态度是关键。在这四年里，学生可以给自己设定目标，包括短期目标、中长期目标和长期目标。这些目标不能太大，必须有一定的可行性。学生在实现一个目标后，继续努力实现下一个目标，才能树立信心。这不仅让学生在大学时代学到了知识，也让学生获得了个人满足感和自信心。在教学中，许多老师对教学安排很不安心，怕漏教了一些知识，总是想把所有的知识都教给学生，因此课时很满，没有留出让学生吸收、消化知识点的时间。学生若在课下没有探索的想法，一味复习、做题，便会导致恶性循环。老师应该在教学中使用情景式教学法或者游戏教学法。这些方法在教学过程中被使用的同时，老师还要注意培养学生的自主性，使用学生相互教育法，这不仅是一种新颖的教学方式，同时也可以让学生体会到老师的教学意图，树立课堂的整体观念。老师应该重视让学生独立思考，同时互相学习，以提高学习热情。教学是一个漫长的过程，学生在学习时会查阅大量资料，反复思考和总结，这种教学才是有效的，才是真的以学生为本。

（二）坚持整体论、系统论思想

1. 贯彻高校学生管理系统的目的性和层次性

高校学生管理体系具有鲜明的目的性，其目的是根据一定时期国家对人才质量的要求，遵循大学生思想特点和行为变化的客观实际及高等教育规律，运用马列主义、毛泽东思想、邓小平理论和"三个代表"重要思想的理论体系，结合伦理道德和现代化管理手段对学生进行教育和管理，将学生干部自身的内驱力，政工干部、行政干部和教师的外在力，学校、社会和家庭各方面的影响力等教育管理力量进行合理组织协调，以发挥最大作用，促进学生德、智、体、美、劳的全面发展。

高校学生管理系统还具有层次性。也就是说，系统内部的元素是相互关联、相互作用的。这种关系和作用一般都表现出有序的层次，系统的性能不仅与构成要素的性质有关，还与它们之间的相关形式有关。高校学生管理系统是一个大的系统，由一定的因素构成，同时这些因素又是一个个独立的子系统，且由下一级要素构成。例如，某校管辖的党委宣传部、组织部、学生部（处）、总务处、教务处、校团委、院系办、班组、团支部、班委等都具有不同程度的思想教育和行政管理功能。它们是高校学生管理系统的组成部分，也是一个个独立的子系统，它们之间的关系是影响整个系统作用的重要因素。

2. 落实高校学生管理系统的整体效应

系统论认为，任何系统都具有完整性和环境适应性。一个系统，首先，其作为一个整体所体现的功能必须明确，应从系统整体的角度协调和控制系统中各子系统的功能及其相互关系。任何系统都存在于一定的环境中，必须与外部环境进行物质交换、能量交换和信息交换。环境与系统的相互作用表现为从环境向系统输入物质、能量和信息，以及系统转换后向环境输出新的物质、能量和信息。系统改造后，外部环境将影响系统的结构和功能。在现实生活中，这体现在环境对大学生的影响上，这些影响被内化为他们的思想，然后外化为行为。为了落实系统的整体效应，必须按照系统完整性和环境适应性的要求来处理大学生的思想政治教育和管理问题。

3. 重视构建科学的高校学生管理系统

高等学校实行的是在党委领导下的校长负责制。建立高校学生管理系统也必须遵循这项原则。同时，还应遵循系统论中的整体优化原理、控制力量原理、信息论原理等。

这种高校学生管理系统主要体现了以下特点：一是落实了校（院）长全面负责、党委保证领导和监督的总原则，从组织上彻底解决了过去的党委负责教育、行政负责管理，管教脱节、虚实分家的"两张皮"问题，实现了教育和管理一体化，党政工团齐抓共管。二是这种模式有利于统一指挥和上通下达。统一指挥是建立在明确的权利系统之上的，如果权利系统的权利是合理的，那么依靠权利系统内上下级之间的联系所形成的指挥系统就能正常运行，也就达到了便于控制的目的。三是在这种模式中，从校长到学校，从决策系统、指挥系统到执行系统的运行系统是灵活的，不存在多头领导和中间堵塞现象，从执行系统、指挥系统到决策系统的信息反馈系统也是畅通而有效的。

二、准则

"贴近实际，贴近生活，贴近群众"是我党对思想政治工作长期实践的总结。高校作为培养人才的摇篮和宣传先进思想的前沿阵地，只有紧紧围绕"三贴近"这个核心不动摇，高度重视、认真学习并贯彻落实，才能更好地完成高校学生管理工作。

始终如一地坚持以"三贴近"准则为指导，贴近实际，贴近生活，贴近学生，就是要进一步加强学生管理工作在学校工作中的重要地位，以学生为本，以学生为中心，促进学生的全面发展。

（一）高校教育管理工作要坚持以"三贴近"准则为根本原则

"贴近实际、贴近生活、贴近群众"，是对高校教育管理工作的全方位、多层次要求，也是高校教育管理工作的根本原则。要在高校教育管理工作中真正做到"三贴近"，做好"三贴近"，真正体现"三贴近"的本质要求，有三条基本原则是需要贯彻的①。

第一，解放思想，实事求是，与时俱进，开拓创新。解放思想，实事求是，与时俱进是我们党的思想路线。在高校教育管理工作中做到"三贴近"，就必须始终贯彻这条思想路线，推进思想政治工作的不断创新。"三贴近"准则就是要求我们把实际生活、社会实践放在第一位，将其作为思想政治工作的真正出发点。

第二，联系学生，服务学生，求真务实，力戒虚浮。所谓"三贴近"准则，就是要以服务学生为出发点，始终与学生保持密切的联系。学生党员的组织发展工作一直是学院学生思想政治工作的重点，在对其培养的过程中，学院党委号召全体学生党员和学生骨干做好同学的思想工作，善于开动脑筋，当好"指导员"；遵守规章制度，配合老师，当好"监督员"；及时了解情况，总结汇报事实，当好"信息员"；帮助困难同学，深入同学生活，当好"服务员"；给老师出谋划策，提出合理建议，当好"参议员"；主动打扫卫生，养成良好习惯，当好"勤务员"；按照学校的要求，认真搞好学习，当好"教导员"；消除心理恐惧，勇敢面对现实，当好"咨询员"；配合党组织工作，积极响应号召，当好

---

① 刘广敬，王传平. 在"贴近"中提高思想工作水平[J]. 新闻爱好者，2006（4）：55.

"宣传员"；临危不慌不乱，沉着冷静应对各种突发事件，当好"指挥员"。要充分发挥基层党组织的战斗堡垒作用和学生党员的先锋模范作用，形成党员带预备党员、预备党员带积极分子、积极分子带普通学生的层层贴近局面。

第三，积极引导和积极适应相统一。贴近，从一定意义上讲，就是适应。引导和适应，是积极的引导和积极的适应，也就是高校教育管理工作要从现实出发，从学生的利益需求出发，在这个基础上提出教育、引导和提高的步骤与目标，制订我们教育、引导和提高的措施与方案。

（二）从高校实际出发

一是要从大学承担的政治职能出发。政治职能是高校重要的职能之一，高校要坚持向学生传播国家和社会倡导的主流意识形态，依据党和国家的基本方针政策开展教育，即高校学生管理工作首先要从党和国家的基本方针政策出发，从国家和社会倡导的主流意识形态出发。这就要求管理者关注党中央当前的思想政治工作重点，贴近当前中心任务开展管理工作。所以，每个管理者都要定期学习党中央的方针政策，了解当前的工作重点，保证学生管理工作不偏离正确的方向，不有别于上级的要求。

二是要从高等学校思想政治教育的现实环境出发。高等学校思想政治教育环境可分为硬环境和软环境。硬环境是指教学楼、实验楼、图书馆、学生公寓、仪器、设备、媒体网络、各种文体设施等高校硬件设施。从硬环境出发，应依托学校硬件设施，充分利用学校有效资源开展思想政治教育。例如，利用学校媒体的网络资源进行网上思想政治教育，在网上设立虚拟社区、虚拟课堂等，让学生在不受教师影响和学生群体压力的状态下说出真心话，从而把握学生的真实思想动态，以便学校有针对性地开展指导工作；利用学校的各种文体设施经常举办一些有意义的文体活动，使思想政治教育渗透其中，在不知不觉中提高学生的思想水平。软环境是指校园文化环境，包括校风、学风、校训、教育水平。有时，软环境也指校园思维方式、教育体制、文化底蕴和学校建筑布局美学等精神条件。校园文化对学生的影响是循序渐进的。因此，校训是否具有概括性、警示性，校风是否具有文明性、进取性，学校教学思路是否具有灵活性，教学体制是否具有开放性，学校文化底蕴是否具有浓厚性，学校建筑布局是否具有审美性，等等，是高中生思想政治教育能否有效开展的基础。

三是要明确学校教育的特性，从学校教育的实际特点出发。学校教育与家庭教育和社会教育的最大区别是，学校所进行的各种教育是有组织的、有计划的、有步骤的，而且学校主要进行的是理论教育。这一特点决定了学校思想政治教育的主要方式是系统的正面理论灌输，目标是帮助世界观、人生观、价值观的形成处于逐步稳定时期的青年学生建立正确的政治观点、思想观念和道德意识，培养正确的行为能力。因此，从学校教育的实际特点出发，更贴近大学实际。列宁在《怎么办》一书中详细论证了"灌输"的原理。他认为，工人本来也不可能有社会民主主义意识，这种意识只能从外部注入；各国历史证明，工人阶级单凭自身力量，只能形成工联主义意识；根据人们的思想政治道德品质形成发展规律，进行反复教育，培养社会民主主义意识的工作才能取得一定的效果。当前，高校政治理论课的教学有待改革，可在整个大学阶段开设政治理论课，帮助大一、大二学生进行基本理论学习，帮助大三、大四学生运用实际学到的理论分析政治现象和社会问题。如此，高校思想政治教育才能更符合学校教育的特点，更贴近高校实际，取得更好的成效。

（三）从学生现实生活出发

学生的生活可以简单地分为课堂生活和课余生活。从学生管理的角度来说，课堂生活主要是解决学生的认知问题，课余生活主要是解决学生知行转化问题。贴近学生生活，主要是指贴近学生的课余生活。学生的课余生活首先集中在宿舍，其次是食堂，最后是娱乐场所。第一，贴近学生的宿舍生活。一般情况下，大学都采用流动课堂的做法，每个专业的学生都没有自己的固定教室。宿舍是学生每天必须停留的地方，宿舍生活是学生课余生活中最重要的一部分，对学生思想政治道德行为的形成起着潜在的作用。因此，贴近学生生活，首先需要从贴近宿舍生活入手，将教学管理工作渗透到日常宿舍管理和宿舍文化建设中。随着我国教育改革的推进，各高校逐步推进宿舍管理社会化的进程，将宿舍楼交给独立运营的物业管理中心管理。这给在宿舍开展教学管理工作带来了新的挑战。在物业管理中心制订宿舍管理规定时，高校学生处和各年级教师等应参与其中，将学生管理工作的具体要求固化为宿舍管理规定。同时，各年级教师要协助宿舍楼长和管理人员做好宿舍卫生检查与评价工作，在宿舍文化建设中起主导作用。二是贴近学生的食堂生活。学生一日三餐的时间一般在食堂度过，食堂是宿舍以外的学生经常集中停留的地方，学生管理工作贴近食堂生活也具有重要意义。也许是为了管理方便，一些学校食堂普遍有"高档菜""中档菜""低档菜"等有等级差的标识语。这与中国建设和谐社会的大背景格格不入，学生生活水平的差距在食堂明显显现。对食堂的饭菜进行人为分级，会对处于不同生活水平的学生产生不同程度的影响，尤其是使大一学生产生不适感，进而影响整个校园生活的和谐度。因此，要贴近高校学生的食堂生活，应从细节入手，利用环境对学生品德的渗透性，为学生营造积极的环境，避免消极的环境影响。三是贴近学生的娱乐生活。学生的娱乐生活丰富多彩，既有多种传统文体娱乐活动，也有新兴的现代城市娱乐活动。传统的文体娱乐活动一般包括跑步、打球、游泳、旅游等，现代城市娱乐活动一般是指随着信息时代的到来而出现的网络娱乐、歌舞堂娱乐等。在传统娱乐活动中，要注意进行诚信合作和公平竞争意识的渗透与培养，以适应我国逐步推进的现代民主政治建设。但在新兴的网络娱乐活动中，要注意网络道德的渗透和培养。

第三节 "互联网＋"时代下高校教育 管理工作的新机遇

一、网络对大学生学习和生活的正面影响

（一）大学生获得知识和信息的有效途径，有利于知识积累

网络是巨大的资料库和信息服务中心，大学生可以在一定程度上摆脱时空和经济的制约，便利地获得学习资料，学会更多课堂以外的知识，从信息中获取养料，完善知识结构。同时，网络还为学生提供角色实践的舞台，学生在这里可以大胆尝试，积累实践经验。计算机网络的逐步普及，使得社会经验不足的大学生可以通过上网了解校园文化、社会热点、国家大事；学习政治、经济、文化、军事、哲学、科技的发展动向与历史沿革；体验休闲娱乐、感情交流、学术讨论；等等。

网络作为一种教育手段，具有信息量大、传播速度快、影响范围广等特征。它不仅丰富了教育内容，拓宽了教育途径，帮助大学生在广阔的环境中学习和积累知识，而且有利于大学生发展和形成多元化个性。尤其是校园网和教育管理网的建立和发展，为大学生接受知识提供了更有利的条件，也有助于学校了解到更为真实的学生思想动态，从而提高思想教育工作的针对性。

各种各样的教育和科研网站有助于因材施教，如英语四六级学习网，考研网，数理化、历史、地理、医学、生物等科的学习网。大学生可以根据自身发展需要，浏览不同网页，进行自学辅导、作业测验、大考冲刺、升学模拟考等。另外，学生还可以从网站上浏览和学习本高校不具备而其他高校具备的相关教学资料，借鉴学习方法，达到居一校而学各校，知己知彼，扬长避短的效果。

（二）有利于大学生开阔视野，培养创造性思维

网络是知识和信息的载体，它作为一个全新的事物进入我国，引发了创造

性极强的大学生群体的极大好奇。网络的广泛应用和软硬件技术的不断改进与更新，给广大学子带来了极大的创造空间：网页制作、电脑设计、三维动画制作、工业造型设计、电脑预决算等网络科研项目，以及网络课件、远程教育技术服务、大学生网络创业大赛等，无不在内容和形式上激发了大学生的创新欲望，于是，一大批以在校大学生为核心的电脑公司、网吧公司、信息公司等学生企业应运而生，它推动并引领了当今高校学子的创造激情，也给国家的经济发展带来了生机和活力。据调查，国际知名品牌"海尔"从全国各高校招收了大批创造性极强的学子充当其技术团队的核心力量，"北大方正""清华同方"旗下更有大批优秀的学子。"互联网＋"时代的发散性思维方式在极大程度上消除了传统思维固有的较狭隘、死板的弊端，有利于帮助大学生正确地看待周围的人和事，树立科学的世界观、人生观和价值观。

（三）扩大了大学生的人际交往范围，有助于建立良好的人际关系

心理学家普遍认为，良好的人际关系是心理健康的标准之一。相关实证研究也表明，人际关系与个体心理健康有密切关系，良好的人际关系有助于维持个体心理健康。不同学派的学者，无论是在心理疾病的原因探讨，还是在心理治疗技术的研究中，大都非常重视人际关系的地位和作用。

美国著名精神分析学专家沙利文认为，精神病包括人际关系中不适宜的全领域，主要是患者童年的人际关系遭到破坏，从而产生严重的焦虑感，导致精神分裂。

人本主义心理学家认为，人际关系与心理健康的关系问题是心理健康与治疗研究的中心问题。他们认为，自我实现者的一个重要特征就是能够与他人建立良好的人际关系。

认知心理学派的学者们，主要从人际关系问题的解决途径方面对人际关系与心理健康的关系进行了深入探讨。

人际关系冷淡是现代社会生活中日益严重的社会病。人们孤独地出没在钢筋水泥筑成的"森林"中，需要一种更快速、方便、自由的沟通方式。

网络可扩大人们的交流空间，提高人际交流的时效性、便利性和准确性，有利于良好人际关系的构建和发展，从而对学生网民的心理健康产生积极影响。在传统的交往方式下，个人的人际关系往往受限于实际生活中狭窄的生活圈子。而在网络社会中，人们可以跨越千山万水，突破地域的限制，把整个地球变成一个小村庄一般，真正实现"我们的朋友环游天下"。同时，由于网络人际交往的

匿名特点，人们一般不会面对面直接接触，便于突破年龄、性别、社会地位、身份、外貌等传统人际交往影响因素的限制，更容易建立和谐、平等的人际关系。网络不仅提高了社交便利性，而且拓宽了社会圈子，解决了特殊人群的社交问题。例如，面部严重烧伤的病人可能因为变形的面部而导致许多人不愿接近或无法接近；行动不便的人可能无法让自己进入别人的生活圈；边防哨卡士兵由于交通不便和职责所在，可能无法与外界沟通。网络为这些特殊人群提供了发展人际关系的新天地。此外，网络还可以作为一些社交恐惧症患者系统脱敏治疗过程中的初级训练工具。他们首先通过计算机网络与他人进行无需直接面对面的接触和沟通，树立人际交往的信心，然后进行现实的人际交往训练。网络最突出的优点就是它的互动性。它既是信息载体，又是媒体中介，实现了人与人交流的畅通。各种各样的论坛、聊天室、虚拟社区、情感站等，让广大学生网友能够坦诚地发表自己的见解和看法，充分表达自己，结交各种朋友，共同进步。以前，在校大学生大多是独生子女，希望能与同龄人交流，得到认可。但独生子女在家庭中处于中心地位，在离家的人际交往中往往受到强烈的冲击和挑战，许多心理障碍不期而至，影响学习和生活。由于网上交友是一种"点之即来，击之即去"的速成交友方式，大学生学习之余可以将此作为一种娱乐，在网上与他人推心置腹，表达情感，交流思想和心得，达到缓解学习和生活压力的双重效果。

二、"互联网＋"时代下高校教育管理工作的发展趋势

移动互联网是移动通信和互联网融合发展的产物，随着无线网络技术的发展、智能手机的普及，已经成为当代大学生学习和生活的重要组成部分。它具有即时性、丰富性、开放性、交互性等特点，拓宽了大学生的视野，使大学生掌握了利用网络资源获取知识和信息的本领。同时，在"互联网＋"时代下，正确认识高校教育管理工作的发展趋势对促进学生的成长、成才非常重要。"互联网＋"时代下高校教育管理工作的发展趋势，主要有以下几点。

（一）重视网络媒介素养教育

近年来，随着互联网技术的发展，人类社会进入信息时代，原有的单一、封闭、单向的传播模式逐步向交叉、互动、融合的传播模式演变，这导致用户更倾向于参与式、融入式、交互式的媒介体验，也使得高校网络媒介素养教育呈现出新的特征。目前，我国高校的网络媒介素养教育仍处于初级阶段，应当结合参与

式文化背景下网络媒介素养教育呈现出的新特点，从政策制定、课程开发、教师培养、社会实践、科学研究等角度入手，探索构建适应形势需要的新型网络媒介素养教育体系。

中共中央办公厅印发的《关于培育和践行社会主义核心价值观的意见》明确提出，要"适应互联网快速发展形势，善于运用网络传播规律，把社会主义核心价值观体现到网络宣传、网络文化、网络服务中，用正面声音和先进文化占领网络阵地"。有关专家指出："互联网已经成为舆论斗争的主战场。很多人特别是年轻人基本上不看主流媒体，大部分信息从网上获取。要把网上舆论工作作为宣传思想工作的重中之重来抓。"这不仅为政府加强互联网监督管理指明了方向，也表明了加强大学生网络媒介素养教育对于培育践行社会主义核心价值观、增强国民教育体系建设、提升公民社会参与能力、培养符合新时期需求的复合型创新型人才具有重要意义。

1. 参与式文化下高校网络媒介素养教育的特征

参与式文化是以网络为平台，以全体网民为主体，通过某种身份认同，以积极主动地创作媒介文本、传播媒介内容、加强网络交往为主要形式所创造出来的一种自由、平等、公开、包容、共享的新型媒介文化样式。这一文化样式具有表达意见门槛低、支持普通民众进行创作和分享、传播内容具有多样性和大众性、重视用户体验和个人诉求、具有广泛参与性和社交功能等特征。受参与式文化的影响，高校网络媒介素养教甫呈现出以下三方面特征。

（1）教育理念的转变更新。

在传统教育模式下，教师在教育中处于中心地位，对教学效果起决定性作用。但在"互联网＋"时代下，学生可以通过多种途径获取信息，教师逐渐失去了在知识传授过程中的主导地位。有观点认为，随着网络媒体的普及，我国已步入"后喻文化"时期。这对传统的师生关系提出了新挑战，需要教育者将教育理念由"教师中心论"向"师生相长型"转变，即立足学生参与、互动、融合理念，在分析学生诉求和认知行为、研究学生网络媒介使用习惯的基础上，制订出顺应时代发展特征、具有现实针对性的媒介素养教育方案。

（2）教育方法的创新发展。

新媒体因其交互性、时效性、多媒体性、多元文化性等特征而受到当代大学生热捧。现阶段，大学生不再将报纸、电视、广播等传统媒体作为获取信息的主要渠道，而倾向于借助APP移动应用服务、SNS社会性网络服务等新媒体平台获取资讯，享受参与和互动的乐趣。这就对教育方法的创新发展提出了更高的要求，需要基于参与式文化形式，即联系、表达、共同解决问题，改变原有灌输式、"一言堂"的教育方法，更为注重学生与周边环境的融合、学生自身感受与意见的表达、团队成员的交流互动、多样化的传播形式和交叉性的传播平台等。

（3）评价反馈机制的完善。

詹金斯曾提出十二项新媒介素养能力，即游戏能力、表演能力、模拟能力、挪用能力、多重任务处理能力、分布性认知能力、集体智慧能力、判断能力、跨媒介导航能力、网络能力、协商能力、可视化能力。这表明在新媒介发展技术和内容上，"互联网＋"时代对于个人网络媒介素养提出了更高层次的要求，这也是受众希望在新媒介中满足自己社交、尊严、自我实现等更高层次需求的结果。为满足新时代的人才培养需求，要进一步完善现有网络媒介素养教育中的评价反馈机制，将原来仅仅注重媒介文本阅读理解能力延展至注重对实践参与能力，角色转换表现能力，信息采集再加工能力，监测环境并把握事物关键细节能力，了解、尊重、适应多元文化能力等综合能力的考察。

2. 加强大学生网络媒介素养教育的必要性

虽然部分教育界及学界人士已经意识到网络媒介素养教育的意义和价值，但总体而言，我国的网络媒介素养教育依然处于初级阶段，具体表现在以下三个方面。

（1）缺乏公共政策的制度保障。

大学生网络媒介素养教育作为一项亟待开展的系统工程，需要政府部门牵头制定相关公共政策，对该项工作的技术支持、经费保障、协调推广、具体职责划分等进行顶层设计和统一规划协调，建立覆盖课堂教育、社会教育、家庭教育的全方位、立体化的教育体系。

（2）缺乏课程体系的系统规划和建设。

目前，国内大部分高校未将大学生网络素养教育课程纳入教学大纲中，未明确要求学生掌握网络媒介素养，未开设网络媒体运作、网络媒介内容赏析批判、传媒法规与伦理等方面的课程。事实上，将网络媒介素养教育纳入高校课程体系建设，要求学生通过修习指定课程掌握有效获取网络媒介讯息、了解网络媒体运作、批判选择网络媒体传播内容、制作网络媒体作品等，是提高大学生网络媒介素养的重要途径。

（3）缺乏科学调研和系统研究。

目前，国内对于网络媒介素养教育的研究主要集中在介绍西方网络媒介素养教育开展情况、网络媒介素养基本内涵及认知、网络媒介素养教育的重要性等方面，缺乏对国内大学生开展网络媒介素养教育的科学调研和系统研究，符合我国国情和大学生特征的教材和教育宣传片等较少。

3."互联网＋"时代下我国大学生网络媒介素养教育存在的问题

新媒体语境下大学生网络媒介素养不高，主要原因就在于我国网络媒介素养教育的长期缺失。要想除此沉疴积弊，需要完善对新媒体的监督管理体系，尤其是调动社会、学校、媒体与家庭四方面的联动作用，构建四位一体的网络媒介素养教育体系。

（1）高校网络媒介素养教育的缺失。

高校的教育是大学生提高网络媒介素养最直接有效的途径，但目前我国高校普遍不重视大学生的网络媒介素养教育，教学实践基本处于空白。尽管我国对网络媒介素养教育的研究已有多年历史，但仍然停留在理论阶段，没能从我国媒介生态的大环境中对网络媒介素养教育实践提出有益的建议。

在实践中，只有少数大学生能通过有限的校园网络媒体资源去参与、体验网络媒介的运作，同时过程中缺乏专业老师的指导和培训，基本处于自发状态。在理论上，除了传媒相关专业学生，学校很少面向其他专业学生开展关于网络媒介素养的相关课程或讲座。

（2）新媒体中"把关人"作用的缺位。

教育并非一定来自课堂，大学生对媒体的实践也是一种间接受教育方式。新媒体所提供的价值取向，无论是对信息价值的判断或对事件思考方式的提供，都会潜移默化地影响大学生对于客观世界的认知判断，甚至为他们形成价值观提供参照。在新媒体环境下，传者、受众的界限模糊，"人人都有麦克风"、人人都是"把关人"，但是专业素养的缺乏使得信息的真实性和有效性难以保证。值得注意的是，在新媒体中是否进行把关，更多的不是能力问题，而是态度与观念问题。为了获得"眼球经济"，争取更多的受众，网络媒体的信息筛选、加工经常只看市场标准，使得许多虚假、媚俗的信息充斥其中。新媒体公信力的降低和"把关人"的实际缺位，给大学生带来了负面影响，助长了重物质享乐、轻责任理想的风气。

（3）国内网络媒介素养教育体系建构不足。

在我国，"素质教育"的口号已经喊了很多年，许多地区也纷纷出台文件，试水教育改革，但是始终无法撼动拥有悠久历史的应试教育体制。这两者间的矛盾，揭示了我国网络媒介素养教育难以形成规模的社会历史根源。

此外，我国网络媒介资源有限而人口数量庞大的现状也使网络媒介素养教育的推行缺乏硬件支持，难以形成一定的规模和体系。网络媒介素养教育缺少充足的政府部门政策、制度的支持和推行网络媒介素养教育的专门机构，也是社会各界对网络媒介素养教育的紧迫性和重要性无法形成正确认识的根本原因。

4.开展高校学生网络媒介素养教育的途径

在参与式文化下，结合我国国情和高等教育发展现状，加强高校学生网络媒介素养教育，可以从政策制定、课程开发、教师培养、科学研究、社会实践等环节入手，构建具有现实针对性和可行性的网络媒介素养教育体系。

（1）开展顶层设计。

政府管理部门通过相关政策的制定执行，将网络媒介素养教育纳入教育规划体系和公民教育体系，明确网络媒介素养是新时期的公民必备基本素养。约翰·庞甘特在调查世界各国媒介素养教育实施状况后提出，"媒介素养教育成功的要件包括教师的教学意愿、学校行政的支持配合、培训机构的师资设备、常态持续的培训、专家的支持、充分的教学资源、教师自发性成长团体运作"。为保证我国网络媒介素养教育的有效开展，政府管理部门必须做好顶层设计，发挥统筹协调作用，通过加强宣传教育、净化网络舆论空间，引导公民了解并自觉遵守网络法规和伦理；通过制度保障、经费投入、政策支持等手段，统筹协调高校、研究机构、新闻媒体、民间组织等社会资源，为大学生网络媒介素养教育工作的开展提供必需的政策支持、物质支持、智力支持，促成政府统筹、高校主导、社会参与的网络媒介素养教育体系的构建和完善。

（2）落实课程配套。

高校应加强网络媒介教育课程开发管理，将相关课程纳入人才培养规划和课程建设体系。高校可学习借鉴其他国家和地区的课程设置方式，采用专业课程、课程融合、跨学科整合、主题教学等课程模式。例如，德国将媒介素养教育融入计算机课程中，借此引导学生讨论社会政治议题；我国台湾地区将媒介素养教育与哲社课程相融合，注重学生的情感体验和互动参与。

（3）加强师资队伍建设。

重视高校教师网络媒介素养的提升，将网络媒介素养纳入教师考核体系。网络媒介素养不仅是专业课程教师必须具备的基本能力，也是其他教师、行政人员所必须具备的基本技能，包括感知和理解网络媒介的能力、选择和整合网络媒介内容的能力、利用网络媒介传播信息的能力等。提升高校教师网络媒介素养的根本目的在于使教师通过教学科研活动，将认识、理解、整合、批判网络媒介的基本素养在潜移默化中传授给学生，提升学生的网络媒介素养。高校可以通过优化现有考核体系，检验教师在科研工作中的网络媒介素养，以及在授课过程中的网络媒介使用能力、利用网络媒介制作并传播教学内容的能力、网络媒介整合和信息选择能力等，并对教师是否注重课堂内外学生的实际参与和互动体验进行重点考核。

（4）进行课程设计。

将网络媒介素养教育与第二课堂教育相融合，在社会实践、志愿服务、科研创新等方面加强网络媒介素养教育。参与式文化体系所具有的注重个人体验和互动参与特性，与大学生第二课堂教育相得益彰，契合了其文化育人、实践育人、环境育人的理念。例如，引导学生利用网络媒介获取、创作、传播信息；选择网络媒介进行宣传；以网络媒介素养为研究对象开展研究；利用网络媒介开展社交，提高团队及项目知名度，在实践中提升并检验自身的媒介素养能力。

（5）与科研相结合。

鼓励扶持针对网络媒介素养教育的科研工作，在课题申报、征文、竞赛中予以重点关注，鼓励高校思想政治工作者、专业教师、行政人员开展网络媒介素养研究，并对具有一定研究价值的项目给予扶持，推动研究成果转化。对研究者给予技术、资金、物质等方面的支持，提供平台鼓励研究者开展对外交流合作，学习借鉴其他国家或地区的有效经验，推动我国大学生网络媒介素养教育的开展。

（6）充分利用校园资源，提高学生对网络媒介的认知。

调查显示，很大一部分大学生较少参与网络媒介信息的制作与发布，这无疑给网络媒介工作蒙上了一层神秘的面纱。传媒作为一种合理存在并蒸蒸日上的事物，它的内容和灵魂在当今大学生的生活中是无孔不入的。大学校园里有着各式各样的教育、学习工具，校报、校园广播电台、校园微博等都是大学生可以接触并参与其中的网络媒介资源。高校应充分鼓励大学生利用校园网络媒介资源，比如，建立校报编辑室，让学生亲自去采集、编辑、制作和发布信息；开设校园微博，建立校园微博管理委员会，让学生参与微博的创造、传播和管理。

（7）鼓励媒体和高校合作，为学生提供实践平台。

网络媒介素养教育与网络媒介实践是双向互动的，大众媒介应与校园"联姻"，为学生提供更多的实践机会。例如，媒体与校园联合发起"DV校园新闻制作"大赛，媒体专业人士走进校园为学生提供专业指导，学生从拍摄、加工到制作全程参与，最后评选出优秀的作品在媒体上播出，使学生在获得成就感的同时还能收获相应的网络媒介知识。网页制作大赛、校园新闻制作大赛等无疑都可以成为媒体与校园合作的有效形式。与此同时，学校还可以定期邀请知名主持人、经验丰富的编辑人员或记者等走进高校，与学生进行面对面的交流互动，增加学生对于网络媒体的感性认识，消除学生对于媒体的陌生感。只有这样才能避免学生被媒体"牵着鼻子走"，成为媒体的理智消费者而不是单纯地浏览传媒发布的信息或是仅仅热衷于新传媒所带来的新感觉。

（8）媒体发挥"把关人"的作用，提高自身的公信力。

各式各样的传媒文化给大学生的价值取向带来了强烈的冲击，在很大程度上影响着他们的人生观和价值观，媒体在信息生产和传播方面应扮演好"把关人"的角色。面对大千世界中纷繁复杂的各种信息，媒体往往掌握着这些信息能否发布和传播的选择大权。媒体理应帮助学生认识社会、积累知识，使学生在媒体所传递的正确价值导向中耳濡目染地逐步得到提高。因此，新闻工作者应努力提高理论水平，努力提升自身的采编写能力，同时，坚持正确的舆论导向，以正确的舆论引导学生，帮助那些辨识能力低的学生认清真实的信息。媒体从业人员必须具有职业道德，对自己职业行为所产生的社会作用和社会意义承担相应的责任。

（二）构建专门的高校网络平台

当今社会，网络以其丰富的信息储备，成为人们获取信息的重要平台。特别是在高校中，随着校园网络等信息化建设日益完善，信息化校园这一校园形态的重要性更为突出，网络已成为影响校园文化建设的重要外部因素。从中共中央国务院印发的《关于加强和改进新形势下高校思想政治工作的意见》可以看出，校园网成为师生学习、生活和开展思想政治教育的重要平台已是必然趋势。对此，高校应抓好网络平台建设，使校园网成为服务学生学习、生活的窗口；科学设计平台，强化网络平台的功能，使校园网成为为师生提供便利的重要工具；合理利用平台，提升网络平台的价值，使校园网成为开展大学生思想政治教育的重要渠道；深层开发平台，丰富网络平台的内容，使校园网成为大学生参与校园文化建设的主要途径。其中，关于校园文化的创新性建设问题在本书后面的章节中有较为详细的论述，这里先简单地介绍一下。

1. 构建高校网络平台的有利条件

（1）顺应时代发展的需要。

在互联网迅速发展的时代背景下，网络已经与人们的生活息息相关，其用户群数量大、覆盖年龄范围广，影响力正随着时间的推移逐渐凸显。网络平台以特有的平台特性默默地影响着人们的价值观念和思维方式，以资源丰富的特点改变了人们的学习方式，以高效便利的特点改变了人们的交往方式。中国互联网络信息中心（China Internet Network Information Center）第二十九次调查统计数据显示，大专及以上学历人群互联网使用率达96.1%，目前已基本饱和，成为互联网普及率最高的群体。因而，高校应牢牢抓住这难得的契机，在学生的教育与管理中融入更加多样、更加吸引人的方式，使教育、管理、服务功用在网络平台中得到淋漓尽致的发挥。在高校新校区的文化建设及信息化建设方面，可依托社会上已形成的较成熟的网络平台，这些平台经过测试及使用，具有更强适应性，减低了因网络平台硬件问题带来的发展困扰。

（2）发展前景好。

高校网络平台因其网络特性，具有活、全、新、快的众多特点和优势，有利于用户的使用和参与。高校网络平台既是传播校园主流文化的新阵地，也是高校文化内涵、办学精神、优势特色的最佳展示窗口。虽然由于发展时间较短，高校在网络平台的构建上较为滞后，但这反而减少了改革及发展的阻碍，使其不会因为固化的思维方式而被限制前进的脚步，降低了改革引起的阵痛。因而，我国高校在发展网络平台、积淀校园文化的道路上能走出全新模式。

2. 构建高校网络平台的阻碍

目前多数高校网络平台是以展示高校基本情况为主，用户基本没有参与的机会，很难引起学生的兴趣和关注。在内容上，除新闻和通知类的内容更新较快外，其他内容长时间不能更新，甚至部分栏目只有名称而无实际内容，这也使得校园网络平台的受关注程度下降。在功能设计上，未能考虑使用者实际情况，脱离了使用者的实际需求。在用户权限设置上，用户因权限不够，很难实际参与校园网络平台的建设。另外，高校校园网络文化建设的针对性和目的性不明确，未能与高校的学生教育和引领进行有机结合，缺少引导学生正确利用网络资源、高效构建和谐校园网络环境、科学建设健康校园文化等内容。

（1）启动实施有阻力。

由于发展成长时间较短，还没有形成明确的发展方向，且文化积淀不足，利用网络平台开展校园文化建设还处于较初级的阶段，建设起点较低，加之人力、资源等投入不足，高校在启动网络平台构建方面有不小的压力。

（2）形成特色较困难。

部分高校新校区成立时间较短，不论是行业特色高校还是综合性高校都在寻求新的发展，在这样的背景下选择并走出一条特色道路相对艰难。

（3）可用资源较匮乏。

高校在起步期内专业人员、配套资金、相关信息源等软硬件不足，系统管理不到位，学校管理人员对网络平台认识不全面、不到位。

3. 构建高校网络平台的途径

（1）打造特色网络品牌。

高校网络平台的关键性动态指标是内容、准确度及更新速度等。目前的高校学生大多是随着网络一起成长起来的，若想利用网络吸引他们的视线，需要具有特别的形式、丰富的内容、急速的更新速度。因此，高校网络平台应该改变原有的形式呆板、内容简单、功能单一、更新迟滞等不足，以更好地解决吸引力不足、利用率低等问题；完善高校网络平台的功能，提高用户参与程度，加快、加深其与校园文化的融合，以更好地促进高校的发展。针对上述情况，高校在打造特色网络品牌时应更好地利用社会上已较成熟的、影响力较大的媒介。

（2）优化校园门户网站。

校园门户网站是每一所高校在网络中展示自身的绝佳平台，是发布相关信息的固定渠道。在门户网站上可以尝试开辟校园特色专栏，以本校学科特色为核心，围绕主体用户——学生，将思想政治教育、专业知识、科学技术、就业引导、特色文化等模块组合。设计优良、布局合理、内容新颖的校园网站不仅能提高社会关注度，更重要的是能吸引更多学生的关注，培养学生的荣誉感及归属感。

（3）开设高校官方微博。

高校、企业、政府等纷纷开通了官方微博，在扩大宣传面的同时，能更加快捷地发布信息，发起互动。学生手持手机刷微博已成为一种时尚，而利用微博的特性，高校可发布社会热点问题与话题、普及与学生学习生活相关的知识和信息、组织学生参与活动等，能更好地配合其他校园文化建设活动的开展。

（4）建设其他网络平台。

当前，其他网络平台，如贴吧、微信、论坛也成了大学生常用的交流平台。随着移动终端技术的提升和革新，越来越多的网络用户使用手机或者平板等终端设备参与网络互动，大学生使用手机刷微信、逛贴吧、进论坛、写说说、更新空间。高校应当重视此类公开网络平台的开发和应用，利用此类平台用户群庞大的优势，推出有特色的高校平台，促进校园文化多元化良性发展。当然，高校应利用和管控好这类平台，避免滥用导致不良后果。

（5）充分挖掘潜在人力资源。

网络之所以迅速发展，得益于其前所未有的更新速度以及良好的参与性、互动性。相较于纸质媒介，电子媒介越来越多地融入人们的交往之中。构建高校网络平台，不仅需要一定的物质投入，更加需要开发校园内所特有的、庞大的潜在资源——人。动员好、开发好潜在的人力资源既是发挥好人的主体性作用的要求，更是人本主义理论应用于学校教育中的合理化体现。这要求高校充分动员专业教师、辅导员群体，集思广益创新内容、提高技术，积极参与校园内各项文体活动；充分动员学生干部、学生党员等学生群体。学生既是校园网络平台的受益者，也是参与者。通过利用现有群体、挖掘潜在资源，可以使教育者及受教育者都参与到网络平台的宣传、构建中。

（6）建立健全管理体制。

高校各部门及院系应提高对网络平台重要性及必要性的认识，加大投入，尽快开发校园网络平台。高校应针对引导网络评论、控制网络舆情、监管网络动态、处理网络突发情况等建立专门的技术团队，维护、管理、利用好网络平台。在现有的校园管理制度的基础上，高校要规范和创新校园网络平台管理机制，通过统一的管理规章制度明确管理者、参与者的义务与责任，引导学生形成健康积极的网络意识；建立校园网络平台的各级管理体系，使网络信息的监控、收集、分析、干预等反应机制更为完善，保障高校网络平台的正常运转。

（7）共筑品牌校园文化。

高校校园文化因网络的介入而更加丰富、鲜活，同时对高校思想政治及德育工作也提出了新的挑战。打造内容丰富、功能完善、具有开放性的高校网络平台，可以引导学生健康上网，传播校园主流文化，展现高校的品牌特色。构建好高校网络平台，营造健康和谐的校园网络文化氛围，共筑品牌校园文化，既是对网络所带来的挑战的有力应对，也是为师生提供更加有活力的成长空间。

（三）建立教学管理与学生管理一体化模式

随着高等教育改革不断深化，高校办学规模越来越大，高校教育管理工作面临诸多新挑战。这就要求教育管理工作面对新形势，实施全员联动机制，积极探索建立教学管理与学生管理一体化机制。

1. 高校传统教学管理与学生管理模式的弊端

在高校传统教学管理与学生管理模式下，教学管理与学生管理统一性差，在学校与学院之间得不到统筹安排，形成了"各自为政"的局面，产生了不少问题。

（1）教风建设与学风建设不能互相促进。

普通高校一般实行两级管理模式，学校将管理重心下移至分院，不同的工作业务归属于不同的职能部门，分工明确。在学校一级层面，教务处主管教学管理工作，学生处主管学生管理工作；在分院二级层面，教务办公室主管教学管理工作，学工办公室主管学生管理工作。在同一个学校里，教学管理工作和学生管理工作是两个独立运行的不同的工作系统。在这样的管理模式下，纵向工作关联性很强，而横向工作关联性很弱，会导致学校、学院两级的教学管理和学生管理工作难以形成联动的紧密关系，更难以开创教风、学风齐抓并进的工作格局，即以教风引学风、以学风促教风的良性互动机制。

（2）学生成人与成才出现"两张皮"局面。

由于教学管理与学生管理工作联动机制缺失，工作本位思想严重，专业教师侧重于教书，不重视育人；学工人员侧重于育人，不重视教学。教师和学工人员之间缺乏必要的交流、互动，导致管理力度分散，难以形成合力。这就直接导致学生在人格教育和专业学习上的不协调，成人与成才出现"两张皮"局面。高校在管理人员有限、工作量很大的情况下，这种条块分割的工作模式必然会造成管理人员的严格分工，相应人员的流动性和互助功能减弱，故而不能充分发挥管理群体的作用，工作效率不高。

综上所述，更新管理理念，探索综合管理结构，构建教学管理与学生管理一体化模式势在必行。

2. 实施教学管理与学生管理一体化的途径

（1）走多样化发展之路。

在高等教育大发展的形势下，各类高校间在人才、科研、资源等方面的竞争异常激烈。从传统的高校竞争方向来看，实施"985工程"和"211工程"的第一方阵的高水平大学为争创世界一流在努力拼搏；教学研究型的第二方阵的地方高校为进入国内高水平一流大学行列的竞争更是空前激烈；其他大学也是努力发展，奋力增强综合实力。各高校即便更加努力，差距也很难很快缩短，尤其是沿袭别人的老路，以原有的思维模式、价值尺度和质量标准去发展，更是难有突破。因此，高校不能采用单一路径，要用更加开阔的视野、更有效的办法，集中更多样的资源，走多样化、跨越式发展的道路。高校既要夯实基础、扎扎实实做好基本功，又要大胆改革，才能建立新的视域、新的路径，充分运用好灵活的激励机制，发掘组织内部的资源，走多样化发展之路，开启建设高水平大学的卓越进程。

（2）高校办学的基本观念、基本价值取向、基本图景引领改革创新。

现代大学制度的轴性理论、优势互补理论、职业化全位理论等为我们构建教学管理与学生管理一体化提供了思想指导。其中，优势互补理论是在坚持公办大学机制的稳定性和民办大学机制的灵活激励性相结合的基础上，对社会主义民办大学办学机制的探索，而职业化全位理论是指导现代大学建设管理模式不可或缺的思想。

（3）调整机构设置，优化人员配置，完善分工机制。

一是撤销学生处，将学生处的部分管理职能划归教务处，教务处设置教学运行管理、学生管理、教学基本建设管理和实验实践教学管理四个处；二是继续推进二级学院管理职能的重心下移工作，分管教学的学院领导要协调学生工作，使教学与学生工作有效融合，加强、完善和优化学院办公室职能和人员配置，学院办公室统一负责教学、科研、学工、党务、行政人事工作的日常管理，从而为教学管理和学生管理一体化提供组织保证。

（4）完善和创新一体化管理制度

在现有的教学管理和学生管理各项制度的基础上，根据一体化管理目标的各项具体要求，完善学校学工部、学生社区、校团委与各学院的协调机制，优化各学院教学管理与学生管理职能，探索建立一个运行有效的教学管理和学生管理一体化管理模式，使学生教育管理"到边到底到位"。比如，试行教学管理与学生管理联席工作例会制度、任课教师和辅导员交流协作制度、教风与学风建设联动制度，由教务处牵头，校团委、学生学业信息咨询中心、各学院共同参与，完成教学管理与学生管理一体化的基本制度框架建设，从而为一体化管理提供制度保障。

（5）加强教学管理与学生管理一体化的信息建设。

建设统一的教学管理和学生管理信息系统，可以实现信息的集中管理、分散操作、信息共享，使传统的管理向数字化、无纸化、智能化、综合化及多元化的方向发展。高校要致力于实现教学管理与学生管理信息共享及互动，促进管理的规范化，增强学校和学院两级教学管理与学生管理系统的协作，使其更好地为学校的育人功能服务。当然，教学管理与学生管理信息系统涉及面广、功能性强，它的应用在为学校教学管理与学生管理一体化工作带来高效、便捷的同时，也将对今后的教学管理与学生管理一体化工作提出全方位的、更高的要求。

（6）强化全员育人工作机制。

学生培养涉及教与学两个方面，必须实现二者的结合才能达到培养人的目的。高校要积极探索建立一个全员联动一体化，跨边界、无缝隙，管理重心前移的全员育人工作体系，实行多层面、多角度、全方位育人管理模式，即广泛调动、充分利用各层面管理育人的积极作用，包括班委成员、辅导员、学生家长、专业任课教师、校领导等，全力培养德、智、体、美全面发展的合格人才。

教学管理和学生管理一体化不是简单的合二为一，而是一种统一的、相互促进的管理模式。因此，我们要紧紧围绕教学管理和学生管理的连接点——育人，以教学为中心，激发教师的育人功能，促进专业教学管理和学生管理相互融合，从而逐步建立一个有特色、有效的教学管理和学生管理一体化模式。

三、"互联网＋"时代下高校教育管理模式创新的重要性

"互联网＋"时代下，高校教育管理工作面临多方面的挑战，需要不断创新，寻求新思路、新举措来解决新出现的问题。高校教育管理工作中的管理者，只有不断进行创新研究和实践，才能适应高等教育改革和发展的新形势、新需要。因此，"互联网＋"时代下高校教育管理模式的创新具有以下几方面的重要性。

（一）"互联网＋"时代下高校教育管理模式创新是构建和谐校园的迫切需要

1. 互联网文化与和谐校园

网络越来越成为我们生活的一部分，网络文化已经成为一种流行文化，网络媒介因而具有了丰富的文化内涵。"文化"这一概念拥有多种定义，其中之一为文化是一种特殊的对生活方式的描述。这种描述的范围不仅包括艺术、思想等经典范畴，还包括一些日常生活行为中的某些意义和价值。既然文化是一种生活方式，网络文化也就是在互联网中所形成的一种生活方式。这种生活方式以网络互联为基础，以获取信息为目的，因此网络文化一般也可以定义为一种不分国界、不分地区，建立在"互联网＋"基础上的信息文化。

对和谐社会的倡导与研究，已有大批深入的、权威的文献。在知识经济时代，教育不仅是推动社会经济发展的重要动力，还是促进和谐社会建设的重要力量。和谐校园，主要指以内外沟通良好、各种关系顺畅、和而不同、协调发展为核心的一种教育理念。要实现这一理念，必须关注学生的和谐发展。和谐的校园文化既是构建和谐校园的基本目标与内涵，又是构建和谐校园的基本途径与模式。和谐校园的本质属性是文化和谐。要建设和谐的校园文化，就不能无视网络

文化的影响。

网络对青少年的影响，已有多项研究成果。网络文化对和谐社会建设的影响，已引起人们的关注，有的地区还举办了网络文化节。网络文化对和谐校园建设的影响，也已引起人们的关注。

随着网络的发展和网民的增多，人们被网络化已经成为一种不可避免的现实。这是分析问题的前提。没有这个前提，谈网络文化对构建和谐校园的效应就没有多大意义。在对不同年级比例、男女比例、文理科比例基本相当的300名在校大学生的一项调查中，认为网络文化对和谐校园建设有影响力的占74%，认为影响大的占40%；从中学已接触网络的占86%，现在每周上网2次以上者占53%，对网络文化表示熟悉和了解的占76%；在"网络文化影响和谐校园建设的具体实例"的列举中，同学们的举例广泛而全面。这些都说明人们被网络化已经成为一种不可避免的现实，网络的普及性和吸引力是造成这种现实的基础和条件。

2. 网络文化对构建和谐校园的正面效应

人们之所以被心甘情愿地网络化，自有其充分的理由和必要的原因。在这些理由和原因中，应该有相当一部分是积极的、合理的，或者说是符合人们对真善美的需求的。

（1）网络能够满足学生多方面的需求。

谈构建和谐校园，要研究学生，学生是建设和谐校园的主体；谈网络文化对构建和谐校园的影响，也要研究学生，研究网络对学生自身和谐发展的效应。网络让许多学生的生活变得多姿多彩，缓解了他们的压力，但也提高了高校开展学生管理工作的难度。与社会群体相比，在校学生可能更相信科技的力量，更愿意追逐时尚和新潮，更期待广泛的交往，更需要获取各式各样的信息。而在这几点上，网络都能满足学生们的期望和要求。计算机和网络是高科技、时尚、新潮的代名词。学生们作为网络主体会不断从技术和技巧两方面强化自身的网络素养，如不断使用新的软件加快链接速度和提高搜索效率，不断提高打字速度，等等。网络的应用五花八门，而其最大的用途和优势是能够共享信息和快速传递信息。这正符合学生更多、更快获取信息和交流沟通的需要。

（2）网络可以成为学生的信息库。

网络能够处理大量的、丰富的信息资源。这些信息被分门别类地存放在页面上，浏览者可以根据自己的兴趣和需要选择阅读。网络最大的优点在于它拥有无比丰富的信息，就像一本百科全书，学生在阅读纸质文献的同时，还可以将网络作为自己的资料库。电子文献有查阅迅捷、方便的优势，但要警惕它真假莫辨的庞杂，还有由于过分依赖网络而产生的惰性。

（3）网络使教学手段和教学方法的革新成为可能。

各种网上学校已大为发展，大量的课程学习可以借助网络来实现，有限的教育资源得到了更为合理、高效的使用，更多的人得以享有更多、更好的教育；终身学习变得不再困难；学生的学习兴趣和效率有可能得到提高；科研人员的联系大大加强，获取相关信息更加便捷，科研中的重复和无用劳动因而减少。

多媒体教学和网络教学平台的开通，在许多学校已不是新鲜事。师生之间可以通过校园网进行交流、网上选课、网上答疑、网上评教、校园贴吧、博客、电子图书库等都是网络开辟的新天地。

（4）网络对人们的思维方式和世界观的塑造有积极影响。

麦克卢汉说，媒介是人的延伸。网络介入人的生活，网络意识就会同时渗入人的身心，影响人们的思维和行为方式。学生处在世界观、人生观、价值观进一步成型的时期，在这一时期内网络的影响不可小视。从积极的方面来讲，网络可以帮助人们，尤其是青年学生树立起先进的理念：科学、民主、开放、自由、平等、和谐、奉献等。网络本身是科技发展的产物，是人类的重大科技发明，凝结并彰显着人类的智慧。网络是一个开放的空间，也是一个自由的空间。文化的壁垒正以前所未有的速度被打破。文化透过电缆、光纤、服务器和计算机终端等有形的物体向世界各地传播，快速而便捷地在全球范围内流动。好的网络艺术作品是实施美育的大课堂，科学和先进的思想是学生们的又一个"导师"。网络为学生开阔视野、提高素质、发掘潜能提供了平台和基地。随着E-mail、BBS等的出现和进一步完善，网络文化的交互性得到了更大的体现。不少学生在网络讨论中，锻炼了认识问题、分析问题、解决问题的能力。他们的聪明才智、创造性在此得到了充分展现与发挥。在理论上，网络空间中的每个人、每一台计算机都可以成为一个广播站、电视台或出版社。从这个意义上说，网络体现了自由、灵活、开放的信息交流方式。网络人可以与世界各地任何联网的人联络，自由地访问各种信息资源，自主参与不同主题的BBS、博客、播客等的讨论、创作和传播。

（二）"互联网+"时代下高校教育管理模式创新有助于因材施教的推行

与教育史源远流长相比，互联网的历史是短暂的。人类的教育史几乎与人类的五千年文明史相当，中国互联网的历史却只有短短30多年。互联网的出现、普及、应用都与教育密切相关。自2012年起，网络教育业逐渐升温，投资、并购不断，百度、阿里巴巴、腾讯纷纷涉足，都把网络教育视为巨大商机。从发展机遇而言，首先，互联网技术为提高人才培养质量创造了条件。以慕课、翻转课堂、微课程等为代表的基于互联网的教学模式，突破了学习者的学习时间和空间的局限性，有利于学习者共享课程资源，进行个性化的线上学习。同时，也为探索线上教学和线下教育相融合，促进学生的自主学习和合作学习，改革传统的教学方式和手段创造了条件。其次，互联网技术为拓展优质教育资源开辟了新路径。利用互联网技术能多元而便捷地获取教学资源的特点，可以把有限的投入集中到优质线上课程的建设上，并通过建立共享机制进行优质教学资源的均衡配置，以效率促公平，促进优质教育均衡发展，推进学习型社会建设。再次，在线课程联盟的构建为提升教育国际化水平搭建了新平台。以Coursera，EdX等为代表的在线课程联盟的发展，加速了国际化课程、教材和课件的跨国流动与共享，促进了先进教学理念、现代教学方式和教学管理模式的跨国传播与融合，从而为优质教学资源共享与国际拓展、变革教育教学方式、改善学校国际形象搭建了新平台。

为促进互联网教学的发展和人才培养质量提升，高等院校要主动应对互联网教学带来的挑战，并做好以下五点。

1. 更新传统的教育教学观念

要突破"千校一面""万人一面"的培养模式的禁锢，建立富有时代内涵的人才观、多样化的质量观和现代的教学观；遵循教育教学规律和人才成长规律，践行因材施教的教育理念，探索多样化和个性化培养之路。

2. 改革传统的教学方式

高校可利用慕课、微课程等线上课程资源，实现学习过程的"翻转"：将学生接受知识的环节从课堂讲授转移到课前线上自学；而在课堂上则通过教师组织引导、师生互动和生生合作，促使学生将课前个性化学习时获得的知识融会贯通，实现知识内化。高校要改革传统的课堂教学模式，引导学生自主学习、合作学习、探究式学习；探索线上、线下教学相结合的模式，共享优质教学资源，彰显教学水平和特色，改善、提高学习效果和效率。

3. 促进教师的发展

学习过程的"翻转"，导致教师角色从知识的传授者转变为学生的学习伙伴。高校要优化教学评价标准，加强教师培训，提高教师运用现代信息技术的能力，激励教师研发网上课程，参与线上教学。同时，鼓励学生参与线上自主学习。

4. 加强系统研究和顶层设计

高校要加强系统研究和顶层设计，创新教学管理体制和学生管理机制，调整教学组织形式乃至教室布局；完善教学质量监控和保证体系，重视学生学习效果跟踪和评价机制的建设，强化评价结果反馈和改进机制。

5. 推动互联网教学良性发展

（1）加强联结与互动。

互联网教学模式的基本特征是联结和互动。有关部门要加强统筹规划，避免重复建设和分散建设，实现优质教学资源共建共享；引导学校改革课堂教学模式，更好地实现师生互动、生生互动、人机互动，提高教学效果。

（2）完善学习监督和效果评价机制。

优化学习评价标准和评价方式，重视大数据技术的应用，实现教学资源及其管理平台的数据交换和共享，及时评价和反馈线上学习效果；提高教师的线上教学水平，提高学生线上学习的主动性、自律性和选课完成率。

（3）探索和完善互联网教学的运行机制。

厘清线上教学的公益性与营利性的关系，优化慕课、微课程等课程联盟或协作组织的运营模式，筹集线上教学经费。研究线上课程标准与认证方法，探索学分转换、学分互认、学分银行等机制。普通高校、开放大学、在线课程联盟和协作组织等，要协同探索，优势互补。

（4）跳出互联网教学发展的误区。

教育的终极目标是培养全面发展的人。学校的办学传统、校园文化和校风学风，对学生成长成才具有潜移默化的熏陶和催化作用；对学生综合素质，包括社会发展性、人际关系和公共关系、团队精神等素养和能力的养成至关重要。因此，课程教学不等于学校教育，互联网教学也不能完全取代学校教育。高校要倡导严谨求实的态度，避免炒作概念、片面夸大作用，把重点放在优化网络教学环境、提高在线开放课程质量、共建共享优质教学资源、线上线下教学相互融合、改善学习效果和提高学习效率上。

（三）"互联网＋"时代下高校教育管理模式创新可助力于有效利用高校资源

首先，高校要解决教学资源不均衡的问题，加速实现各种优质教育资源的集成共享。高校要充分利用信息技术，积极进行混合式教学的探索和实验，建立高校之间优质数字化资源共建共享机制，国家精品视频公开课程和精品资源共享课程向高校免费开放。大规模在线开放课程建设、教学资源平台建设等，可以扩大优质教育资源受益面，使高校学生能够季加国内外著名大学网络课程的学习。精品资源共享课、视频公开课等，可以提升一大批中青年教师的教学水平。

其次，高校要建立以学生为中心的新型教学模式，强调学生主动性、学习灵活性和教师的辅助性。在大数据背景下，以互联网信息技术为核心的各类教学模式和学习方式不断出现，如微课、慕课、翻转课堂。在"互联网+"背景下，教育已不是传统的线性模式，而是非线性、模块化、可定制的，学生可根据自身的需求、兴趣选择学习内容。对高校而言，这就需要利用互联网技术、大数据技术，整合不同资源，开展启发式、探究式、讨论式、参与式教学，建立起以学生为中心的教学模式。

再次，高校要推动相关专业建设，加快培养互联网领域专业人才。把互联网技术、物联网技术、云计算、大数据、数字制造技术、智能制造技术等相关知识纳入高校的公共基础课，提高大学生的互联网知识水平。在高校建立涵盖3D打印技术、智能家居技术、可穿戴技术、智能制造技术、物联网技术的创客中心或创客平台，引导大学生开展创新创业实践活动，从而实现创新与创业相结合、线上与线下相结合。

对高等教育而言，互联网教育是最优选项和必由之路，但还需要诸多的保障措施。首先，高校信息化建设需安排专项资金。其次，教师信息化教学素养和意识需要与互联网语境相符合，要通过网络研修等多种方式进行提升。最后，各高校对信息化教育绩效的评估和考核应保持常态化，要专门制定本校的信息化发展规划，并定期进行评估和反馈。

四、"互联网+"时代下高校学生管理工作的新机遇

（1）就教育主体而言，"互联网+"时代对教育主体提出了更高的素质要求。

高校无论是对政治思想教育指导思想的探索、制定、贯彻，还是对信息系统的构建、维护和改进，都离不开一支具有过硬思想水平和觉悟、具备较高网络管理才能和"互联网+"时代思维方式的师资队伍。教师应该加强对计算机和网络技术的学习，把网络素养培育和学生工作紧密结合起来，树立"教会选择"的观念，调整自己的角色，从"教会顺从"的领导人变成"教会选择"的领导人。

（2）就教育客体而言，网络为学生打开了沟通世界的大门，扩大了学生的交流面，但某些强势文化也趁机冲击了学生的世界观、人生观和价值观。

网络互动扩大了学生人际互动的范围，增强互动的主动性，增强互动的互助性。网络打破了语言、地域、身份、地位、社会制度、文化背景乃至心理等限

制，扩大了人们的交流范围，从而促进学生关注全人类，有利于加速他们在世界大范围内的社会化进程。但由于学生自身社会化不足，缺乏自我约束力，也可能引起民族认同淡化、自我角色失调、人异化和自我异化等一系列问题。

（3）就教育环境而言，网络促进了人类文明成果的大交流和世界文化的大创新。

这些新的人类文化成果丰富了学校教育的内容，拓宽了教育的文化视野，形成了新的学校教育文化媒介环境，对学校教育具有深远的积极意义。网络媒体环境的公开性为青少年学生的社会化创造了更广阔的空间和更便利的条件，网络构建的虚拟环境为学生提供了更大范围的社会实践环境。

（4）就教育内容而言，在"互联网＋"时代下，人们的交往方式、思想观念、价值取向发生了系统的变化，产生了一些新的道德需求，某些现实道德规范在网络社会中已经不足或过时。

为了适应这一新的社会环境，需要构建新的道德规范体系，教育也必须重构自己的道德内容。因此，在"互联网＋"时代下，学校德育应注重培养学生的自主选择判断能力、自律意识和自我克制能力。

（5）就教育效果而言，网络作为一种沟通渠道，有利于促进师生双方的沟通，有利于提高教育的实效。

网上资源丰富，信息共享，有助于拓宽教育者的视野，提高教育质量。利用网络技术形成一个生动的虚拟现实生活环境，可以为学生进行各种价值选择提供虚拟体验，提高学生兴趣，提高教育效果。

第四节 "互联网＋"时代下高校教育管理工作的新挑战

一、网络对大学生的负面影响

同任何事物一样，互联网也是一把"双刃剑"，它对大学生的影响既有积极的一面，也有消极的一面。随着越来越多的大学生深入网络空间，网络的负面影响日趋凸显，主要集中在以下两个方面。

（一）对大学生的世界观、人生观和价值观的形成构成潜在威胁

网络是一个没有国界的世界，全球各种不同的文化形态、思想观念在这里汇集交织，网络使用者轻易就可以感受到东西方文化的巨大差异，因此很容易陷入一种迷惘的境地。大学生的世界观、人生观和价值观还不成熟，缺乏"免疫力"，长期"浸泡"在网上，耳濡目染，很容易受到西方外来文化及意识形态的渗透，有可能受到腐蚀，盲目信从。

同时，西方一些不健康的生活方式对喜欢猎奇的青少年来说，具有极大的诱惑力和欺骗性，容易使他们艳羡、认同并模仿，产生冲动和迷失，引发对现实的不满，进而丧失进取、奋斗的内在精神和意志。随着西方文化通过网络传播得越来越广，其价值观念正潜移默化地影响着当今大学生的价值判断和理想信仰。对于崇尚新知识、新文化、新观念的大学生来说，无疑将面对网络文化的严峻考验，少数控制力不强的大学生很有可能因此埋下犯罪的种子。在互联网这张无边无际的"网"上，内容虽丰富却庞杂，良莠不齐。如果大学生频繁接触西方国家的宣传论调等，有可能会对他们头脑中沉淀的中国传统文化和主流意识形态产生冲突，使他们的价值观发生倾斜，甚至盲从西方。长此以往，对国家的政治安定可能构成潜在的威胁。

（二）对大学生身心健康可能会有消极影响

众所周知，连续上网会造成情绪低落、眼花、双手颤抖、疲乏无力、食欲缺乏、焦躁不安、血压升高、自主神经功能紊乱、睡眠障碍等。更令人忧虑的是，网络还可能影响大学生的心理健康，最典型的便是网络成瘾，即"网瘾"，它与吸烟、酗酒甚至吸毒等上瘾行为有惊人的相似之处：一上网就兴奋异常，上不了网就痛苦难耐。其典型症状是整天沉溺于网络，甚至不吃不喝不睡，从而导致体能下降、生物钟紊乱、注意力难以集中、情绪低落、思维模糊、头昏眼花、双手颤抖、疲乏无力、食欲缺乏等不良生理和心理反应。严重的人甚至会"走火入魔"，出现体能衰竭或精神异常。他们一天中的大部分时间都在网上度过，对自己的行为难以自控，表现出逃避现实的迹象，越来越愿意待在网上，和家人的关系也出现问题。迷恋网络还会引发网络孤独症、人际信任危机和各种交际冲突。网络孤独症与网络成瘾非常类似，只是前者更多地倾向于生理和认识方面的障碍，后者侧重于人际交往方面的障碍。网络成瘾者必然伴有不同程度的人际关系障碍，网络孤独症患者则不一定表现出明显的生理障碍。网络孤独症多发生在性格内向者身上，其典型症状是沉溺于网络，脱离现实，寡言少语，情绪抑郁，社交面狭窄，人际关系冷漠。个体将注意力和个人兴趣专注于网络，不仅不利于自己的心理健康，而且可能导致学习成绩下降，甚至影响毕业。

网络人际交往中普遍存在的人际信任危机也有可能影响到大学生网民的现实人际交往态度，导致现实人际关系障碍。聊天室等虚拟社区以匿名或化名方式进行的网络交往无法保证人们言论的真实性，甚至公开承认或默许交往者的虚假言论。网络人际交往的虚幻特点使很多学生抱着游戏般的心态参与网上交际，自己撒谎都面不改色心不跳，对他人的言行自然是毫无信任感可言。这种网上的人际信任危机可能迁移到学生的现实人际交往中，进而影响与他人建立和发展良好的人际关系。网络人际交往常常给人以虚假的安全感。学生以为待在门户紧闭的自家卧室里，坐在心爱的电脑前是最安全不过的了，这里既不可能被人发现，也不可能被人偷窥，更不可能受到侵犯。这种自以为是的安全感使得他们缺少足够的戒备心，给了网络罪犯可乘之机。

二、"互联网＋"时代下高校教育管理工作的新挑战

（一）网络文化对大学生的价值冲突更加直接和激烈

当代大学生增强了非标准的自主性、独立性，但其世界观、人生观、价值观尚不成熟，容易受到异化思想的冲击，特别是东西方价值观在学生头脑中的冲突

更直接、更激烈，如果不加以准确有力的引导，必将出现思想上的混乱，阻碍他们形成正确的世界观、人生观和价值观。

（二）网上传播的信息"垃圾"会误导大学生

网络是一个功能完善的自由社会，吸引了不同生活背景、不同行业、不同年龄的公民。网上的信息可以说是龙蛇混杂。网络是信息宝库，也是信息"垃圾场"。这些信息"垃圾"削弱了大学生的道德、法律意识。

（三）网络信息传播的虚拟化方式对大学生的交往方式和人际关系有消极影响

当大学生在网上得到的快乐多于现实时，自然会把更多的时间投入网络交往中。他们在现实生活中遇到挫折时，可能会倾向于在网络中寻求安慰。这使得大学生只想在网上寻求一个虚拟的、完美的人生，消极地对待有缺憾的现实世界，甚至是逃避现实世界。学生时代是人际交往能力和人际关系形成的重要时期，这种消极影响极为严重。

（四）大学生自主、平等意识的增强，使传统社会控制体系失灵

网民交往角色虚拟，不存在地位尊卑的垂直型关系，交往平面化。网上交往的虚拟性使人与人的交往自由、平等，但也由此带来了权威的削弱，导致主流价值观影响力、社会公共权威、教育者权威的削弱，使传统社会控制体系失灵。因此，高校教育管理工作面临的困境是，信息系统不再受教育者完全控制，言行举止更多地依靠大学生的自我判断、自我选择。

（五）片面灌溉式教学模式受到挑战

在传统的教育管理中，教育者起到了主导作用，他们有目的、有计划地将包含社会要求的思想体系、道德规范等相关信息注入教育对象，受教育者在内外各种因素的综合作用下，有选择地接受这些信息，而且"内化"是自己的个人意识，之后"外化"于实际行动。在这一过程中，教育者传递信息的手段主要是课堂宣传、座谈、主题活动等，以报纸、广播、电视、电影等媒体为辅助工具。教育者注入的信息经过筛选、加工，有利于受教育者接受正面思想。但随着网络信息传播越来越广泛，片面灌溉式教学模式越来越不能满足大学生的心理需求，其有效性必然被

削弱。大学生深入网络生活，在逐渐习惯了网络中双向或多向的沟通方式后，必然要求教育工作（包括专业教育和教育管理）从内容到形式都能以更民主、更自由、更生动的方式进行。这改变了教育者与被教育者的关系，信息传播的内容和渠道也不再为教育者所完全控制。对此，传统的教育管理体系显然没有做好充分的革新准备。

（六）管理者的人格魅力面临挑战

面对网络的冲击，一些教育管理工作中的管理者缺乏应有的思想准备和科学文化素质。据统计，教师中经常上网的主要是35岁以下的年轻教师，年纪稍大的教师对网络不感兴趣。部分管理者对网络这一领域知之甚少或略知一二，显然落后于青年大学生。因此，在他们身上，大学生崇拜的人格魅力可能不足。对于高校教育管理工作中的管理者来说，人格魅力有时会影响教育的效果。学校网络管理员一般只能对网络进行基本维护，无法对其中传播的内容进行管理，无法及时发现网上出现的问题，并未参与教学。

第四章

"互联网+"时代下高校文化管理的创新路径探析

第一节 高校文化管理存在的问题

高校文化管理即高校文化建设，是社会主义先进文化建设的一个重要组成部分，是培养大学生内在品质的一种有效途径。在各级党组织的领导下，高校加强对文化建设的组织和领导，有利于教育和引导学生继承和发展社会主义先进文化倡导的价值追求和理想信念，满足大学生的精神文化需求，促进大学生的全面发展。现代大学文化建设取得伟大成就的同时，在复杂的国内外环境的影响下，也存在许多问题，它们限制高校文化建设的进一步发展。

高校文化管理包括物质文化建设和意识文化建设。高校文化建设中存在的问题主要为对高校物质文化建设的认识偏差和意识文化建设精神内涵缺失。这些问题，必然影响高校文化建设的效果，影响高校文化育人功能的充分发挥。

一、对高校物质文化建设的认识偏差

高校的物质文化建设以物质为载体，是文化教育功能有效发挥的前提。但物质文化建设不是一个目的，而是一个手段。从高校文化建设的现状来看，人们过于重视物质文化建设，经常对物质文化建设成就津津乐道。此举直接导致的结果是高校文化建设重物质轻精神，形式主义倾向明显。

（一）高校物质文化建设缺少文化内涵

一些高校把改善物质条件作为加强文化建设的出发点，他们愿意增加人力、财力和物力投资，建设明确的物质设施，如体育馆、音乐厅、图书馆和活动厅。他们错误地把改善物质条件等同于提高物质文化建设的质量，把物质文化建设完全等同于单纯的物质建设，陷入盲目追求伟大的陷阱。数量的粗放发展既不体现特色，也缺乏文化内涵。高校文化是以大学生为主体的文化现象。高校物质文化建设必须与大学生身心发展的特点相结合。如果物质文化建设不能尊重大学生的主体地位，突出大学生的特点，那么高校的物质文化建设就会成为一篇肤浅的文章，失去其原有的精神价值和意义，高校物质文化建设的质量就得不到保障。

（二）高校物质文化建设形式主义倾向明显

良好的物质文化对外可以是一个良好的学校形象的宣传卡片，美丽的建筑和景观设计是学校甚至一个城市的标志；对内可以为学生创造舒适、美丽的生活环境。可谓是一举多得，收获了名声和财富。同时，物质文化有时也更容易展示领导的能力和"政绩"。因此，在开展物质文化建设时，要谨防形式主义误区。这种形式主义物质文化建设，不仅影响文化建设的整体协调性，也会使大学浸染浮躁的学术氛围，滋生腐败，使学生价值观、世界观和人生观偏离文化建设的初衷，主流文化教育和意识形态功能的弱化进一步加深。

二、高校精神文化建设内涵缺失

高校文化管理的目的就是要从内在价值层面构建大学生的精神家园。因此，精神文化建设是高校文化管理的精髓、灵魂和核心。高校的精神文化建设能够帮助大学生坚定理想信念、树立正确思想意识，是形成正确的价值观的关键。长期以来，高校重物质轻精神，造成了高校精神文化建设精神内涵的缺失，主要表现在下面两个方面。

（一）人文精神缺失

如果说精神文化建设是文化建设的核心，人文精神则是精神文化的核心。人文精神倡导将人的价值、人的尊严、人的生命放在突出位置，鼓励充分展示和实现人的存在价值。高校精神文化建设必须注重培养大学生的人文精神，引导学生热爱自然、尊重生命、懂得感恩、传承孝道。然而，在当前的高校精神文化建设中，许多人过于重视学生学习成绩是否合格，过于关心学生毕业后能否找到工作，忽视了对学生人文精神的教育和人文素质的培养。缺失人文精神，使高校文化中弥漫着功利主义和实用主义的色彩，无论是学习还是参加各种文化活动，许多人都以是否对自己有好处，毕业是否能够用得上为标准。大学生人文情怀的缺失，可能会造成道德失范、人格割裂、自我膨胀等问题，直接影响精神文化建设的质量和层次。

（二）对传统文化认同感不足

中华民族博大精深的传统文化有着悠久的历史，经过几千年的积累和继承，是中华民族的血液和精神家园。弘扬中国优秀的传统文化可以陶冶情操，活跃思维，提高创新能力，提高大学生的责任感。高校精神文化建设要把发展年轻人的国家认同感，培养民族精神，铸造青年民族魂魄作为首要任务。在高校精神文化建设中，有时人们对传统文化缺乏充分的继承和发扬，一些年轻的学生对传统文化持有消极的态度，严重缺乏认同感。这个偏差不仅使高校意识文化失去了应有的基础，还不利于文化的继承和发展，造成了高校学生思想和行为的失调。

第二节 "互联网＋"时代下高校文化管理的理念创新

理念是一种看法、观念，属于人的思想意识范畴。作为文化的核心，理念具有调动全身的作用，不仅是形成独特的文化感染力、凝聚力和吸引力的源泉，而且决定着文化建设的性质和方向。文化建设之所以重要，不在于开展了多少活动，创作了多少文化精品，而在于这些热闹的活动中包含了多少理念。如果缺乏理念，开展的文化活动再热闹，创造出来的文化产品再美，也只不过是表面的"繁华"。所以，高校文化建设不仅要坚持正确的理念，而且要与时俱进地不断推进文化建设的理念创新。理念创新是从新的视角出发，运用新的方法和新的思维模式形成新的结论或思想观点，并用它指导新实践的过程。理念创新是大学文化建设的核心，高校应努力保持思想的敏锐性和开放度，打破传统思维定式，以思想认识的新飞跃打开工作的新局面。高校文化建设要以理念创新为先导，通过理念创新激发和培育大学生的创业精神和创新基因，挖掘文化的积极特质，提高文化品位，提高文化建设的实际效果，促进大学生健康成长。文化建设创新会首先反映在理念上，理念创新的核心是指导思想创新。因此，我国文化建设始终面向世界文化发展变化的潮流，始终立足于中国高等教育改革发展的现状，始终关注大学生身心发展的特点，始终服务于大学生成长成才。党的十八届五中全会提出了"创新、协调、绿色、开放、共享"的新理念，成为高校文化建设的指针，使高校产生了新的动力，引领了高校文化建设日新月异的繁荣。高校文化建设要以理念创新为先导，结合时代特点和学校特色，把理念创新注入高校学生的学术科研、文体活动、志愿服务、社团建设等工作。高校文化建设理念创新主要表现在树立全员参与理念、形成国际化理念、坚持精品文化理念、培育市场化理念。

一、树立全员参与理念

文化重在建设。高校在文化建设过程中要起到育人的合力作用，就要树立全员参与理念。中共中央和国务院印发的《关于加强和改进新形势下高校思想政治工作的意见》明确提出，要把全员、全程、全方位教育作为高校思想政治教育的基本原则。高校文化是以学生为主体的文化，做好高校文化建设工作，学校学生处、团委、思想政治教研部等部门承担着十分重要的使命。这些部门应遵循守土有责、守土负责、守土尽责的原则，满足大学生对文化的需求和期望。然而，高校文化的产生、发展、创新与校园的每一个部门都息息相关，高校文化所传达的思想意识、生活方式、价值观不仅影响着大学生，而且影响着校园的每一个人。因此，做好文化建设工作不能只靠一两个管理部门，必须全员参与。

高校应保护大学生的精神家园。例如，北京大学文化建设突出"全员性"，构建文化建设创新机制，各工作体系一联动，各司其职，将学生工作部门、团委、教务处、基金部、基层院系组织等部门的工作力量有机整合，实现部门联动，形成了全面育人的文化建设新机制。

总而言之，在高校文化建设中，一方面，学校党委要加强文化建设顶层设计，承担文化建设领导责任，构建各部门协调联动机制，增强工作的整体性和协调性；出台相关激励、保障措施，围绕增强文化共建意识、服务学生成才的目标，充分调动广大师生员工的积极性。另一方面，高校要将文化建设与教学活动、科研活动、管理活动和服务活动更紧密地结合起来，校领导发挥领导作用，教师发挥主导作用，学生发挥主体作用，后勤职工发挥服务作用，使每个学生成为文化建设的主人，成为良好文化建设氛围的营造者；整合多种教学形式，利用多种教学手段和表现方式，挖掘校内资源，合力育人，培养全面人，形成部门间互补的文化建设新格局。

二、形成国际化理念

随着经济全球化和信息网络化的快速发展，学生之间关于学习、生活、工作、思想、意识、价值观的交流已经彻底超越了国界，来自不同国家、不同肤色、不同语言的人每时每刻都可以通过互联网平台进行直接的交流和对话，人与人之间的文化交流、思想交锋、价值冲突已经成为生活的常态。在一个国家或一个地区范围内，学生中流行的音乐、舞蹈、服装、发型、装饰品、书籍、电影、美食、生活方式、休闲娱乐方式等都可能在极短的时间内风靡全球。这逐渐淡化了文化的民族色彩，增强了世界色彩。从某种意义上说，现在的高校文化已经成为一种全球性的文化。因此，高校文化建设要强化世界意识、开放意识，扭转过去只关注国内大学生特点、忽视世界文化发展潮流的保守观念。高校文化建设应着眼于世界文化发展潮流，广泛开展国际学习、交流和探讨，实现国家间文化资源共享，推动大学生权益保护、大学生创新创业能力培养、高校文化精品建设及高校文化产业化等方面的国际合作。在相互作用和融合过程中，高校能产生更强的国际竞争力。高校文化建设要树立国际化工作理念，着力增强大学生的国际意识，使大学生能够站在国际化的视野中分析问题、解决问题，在国家发展的大潮流、大背景下寻找个人发展机遇、人生价值；遵守国际游戏规则，积极承担国际责任，培养全球视野、开放意识和高文化品位，培养国际竞争力强的创造型人才。

三、坚持精品化理念

随着高校大学生文化需求的日益多元化，校园文化活动也变得丰富多彩。但高校文化活动存在质量不高、文化精品短缺等问题，模仿、千篇一律现象层出不穷。特别是受当前各种青春偶像剧、穿越剧、婚礼节目的影响，一些文化活动扭曲经典、颠覆历史、丑化英雄人物。恶搞经典的行为，可能会引起不分是非、不分善恶、以丑恶为美、谄媚的文化现象。针对这些问题，高校应坚持精品化理念，创立校园文化活动品牌。例如，南京大学确立精品文化理念，通过"高雅音乐同行"活动，将精品文化扎根校园，举办100多场交响音乐会、200多场民族音乐会；每年举办迎新年音乐会、金秋音乐会、校庆音乐会等一系列演出；还邀请德国莱比锡交响乐团、爱尔兰歌舞团和苏州昆剧院到校演出。以精品文化活动为教育载体，目的在于帮助大学生树立正确的人生观、价值观和审美观，提高他们的思想境界、文化修养和综合素质。

习近平总书记在全国文艺工作座谈会上讲话中谈到文化精品时指出："精品之所以'精'，就在于其思想精深、艺术精湛、制作精良。"[1]由此推之，文化精品就是指那些具有深刻的思想内涵、精湛的艺术技艺及显著的创新特征的文化作品。文化精品标志着某一历史时段艺术发展的高峰，代表一个时代的文化品位和精神高度，体现了一个国家的文化创造力和竞争力[2]。

高校文化管理要坚持文化精品理念，实施精品战略，在提高文化活动的质量和影响力上下功夫。首先，要充分考虑大学生群体的年龄和心理特征，将生活化与艺术化有机结合，适应大学生的话语风格，在活动中融入大学生喜欢的时尚化、时代化、网络化元素，使文化活动以一种轻松、自然、亲切、无处不在的正能量的形式出现在大学生面前。其次，将思想性和艺术性有机结合，开展具有教育意义、大学生感兴趣、大学生普遍关注、多年以后回顾起来依然能够脱口而出的精品文化活动，力求在全社会产生良好的影响。再次，要借助国家的支持，培

---

① 熊颖. 媒体人如何为大众服务浅析[J]. 新闻研究导刊，2005（11）：71.

② 李媛媛. 加强精品意识，促进文化繁荣[N]. 中国社会科学报，2015-8-6（6）.

育本校的文化品牌。2005年，教育部开始在全国范围内实施高雅艺术进校园活动。"近年来，各类国家级艺术院团和优秀地方艺术院团赴全国各省高校演出京剧、昆曲、话剧、交响乐、歌剧、芭蕾舞、民族民间音乐歌舞等优秀经典剧目2605场，举办艺术教育专题讲座1425场，组织高校学生观看经典演出和精品展览700余场。"[1]这些经典作品丰富了大学生的文化生活，受到了广大学生的热烈欢迎。高校要充分借鉴高雅文化培育经验，创立本校的文化品牌，帮助学生形成良好的审美情趣和艺术素养，提升文化的品位，优化育人环境。

四、培育市场化理念

20世纪90年代，市场开始全面进入中国人的经济生活社会生活，左右了人们的思想观念道德准则和行为方式。高校目前进行的文化管理，是在市场化的环境中进行的，受市场力量的左右，市场逻辑和实务理性已经渗透到高校生活的方方面面。我们在文化管理中要传达的一些理念，如平等、竞争、诚信、守则，服从或服务于市场逻辑。高校是知识文化传承创新的重要基地，具有文化建设所需的学科、人才等得天独厚的资源优势。近年来，高校与文化产业市场加快合作，通过校企、文化创意产业园区、创新创业园区等方式，将高校智力资源与文化生产相结合，使高校新技术和新思想及时移植到产业市场，不仅实现了高校在文化产业发展中树立潮头，更是实现了高校新技术和新思想的快速移植帮助产业市场加快技术创新，为产业市场输入丰硕的新鲜创意"血液"。例如，北大方正、清华紫光等校办企业，树立了高校促进文化创意产业发展的丰碑。

在市场经济时代，高校文化建设应以市场为导向，但高校文化建设不是目的而是手段，主要是为了更好地发挥文化教育的功能，促进高校文化建设的健康效益和顺利。所以，虽然提倡以市场为导向，但文化建设的一切都是在高校运行，不应该完全接受市场，也不应该以获利为唯一目的。片面地追求占领市场、满足公众需求，只会导致文化的刻板印象和低俗，沉醉于对情感和欲望的追求。这与文化建设的目标背道而驰。因此，只有符合促进学生全面发展的目标时，高校才能够采取市场化的手段。如果市场化的手段与高校文化管理的目标不一致，那就尽量避免使用市场化的运作方式。

①万丽君.十年坚守，不忘初心，春风化雨，润物无声[N].中国教育报，2016-12-5（1）.

第三节 "互联网＋"时代下高校文化管理的路径创新

"路径"一词，既指道路路线，又指方法和途径。路径创新，就是在现有的物质和技术环境之下，提出有别于常规或常人的思路、见解及方法、路线，从而获得一定效益。高校文化建设路径直接影响着文化建设的效果，为高校文化建设提供驱动力。高校文化管理路径，即高校文化建设路径，其创新需要遵循高校文化建设的原则，尊重高校文化的发展规律，符合大学生的思想和行为特点，也要考虑我国的意识形态需要和文化建设特点，解放思想，实事求是，在实践中探索新思想、新途径，创造新方法，用喜闻乐见的方式潜移默化地将主流文化融入大学生的日常生活，发挥新媒体和同辈群体的作用，以文化的常识化与风俗化路径来推动文化的发展。

一、建设符合学生特点的高校物质文化

任何一种文化都是由外在的物质载体，以及由其所承载的精神内涵构成的。物质文化是文化的外显部分，也是文化构成中最活跃、最易变的因素。物质文化是高校文化的重要组成部分，最为直观地体现大学生的特点和时代特点，最吸引大学生眼球，也极易被其所接受和传播。因此，高校物质文化建设要凸显出大学生的创新能力和审美能力，最大限度地体现出大学生的青春活力和生命力，激发大学生大胆追求美好事物的激情和愿望。

（一）高校物质文化建设要培育大学生文化审美

高校物质文化，其外延广泛，不仅包括高校图书馆、教学楼、体育馆、雕塑、宣传橱窗等校园内与大学生校园生活密切相关的物质设施，还包括大学生服装、发型、装饰物等与个人生活相关的部分。高校物质文化是物质形态的文化成果，承载着高校的文化理念和人文精神，也彰显着大学生的个人文化审美。高校物质文化渗透的审美和价值理念是一门隐含的课程，在自然状态下，可以在不知不觉中对学生思想道德形成产生持续的影响。正如康德所说："美是道德的象征。"所以，高校物质文化建设是一门物质形态的教育课程。图书馆、体育馆、

电影院、大学生活动中心、大学生创业园区、礼堂、广播站、活动室、网络中心等设施，应按照美的规律设计和建设。让大学生在健康高雅的高校物质环境中，欣赏和感悟物质文化的自然和谐之美，获得更多的心灵愉悦，强化和升华道德情感。校园物质文化环境通过客观现实影响大学生心理，在无形中帮助个体形成审美标准。所谓"蓬生麻中不扶自直，白沙涅而黑"，指高校物质环境会在无形中影响大学生一言一行，使大学生对服装、发型、首饰等的选择形成个人审美，实现环境育人的目的。

（二）高校物质文化建设要彰显大学生的青春活力

大学校园里的各种楼宇、场馆、道路、雕塑及花草树木都是大学生活的重要组成部分，这些物质文化景观是一所高校经几十年甚至百年积淀形成的，能够代表学校风格，彰显其历史传统和文化特色。这就需要高校结合自己的特点进行精心设计，赋予校园内的楼、馆、路亭等大学生学习、生活、娱乐场所及花草树木等自然景观以特定文化内涵。同时，校园景观不仅要有文化色彩，还要优美怡人。因此，校园中一砖一瓦、一草一木、一路一亭的设计和建设要能展示出大学生的特点，彰显出大学生张扬的个性，满足大学生求新、求变的文化需求。近些年来，涂鸦文化、个性化寝室设计等体现大学生特点的文化在大学生中颇为流行。为了满足大学生的这些文化需求，很多高校通过涂鸦墙、寝室文化艺术节等方式，满足大学生自我表达的需要，鼓励大学生自由想象、大胆创造。2014年，《中国教育报》报道了武汉工程大学和扬州大学在这方面的经验。"武汉工程科技学院围绕学院中心花园外围砌一面百米涂鸦墙，每隔一年学校就会将墙壁刷白，让学生进行涂鸦创作。扬州大学组织学生社团对学校的人行通道进行涂鸦改造，东西墙面都画满了各式各样的创意作品，曾经面临废弃的下水道，变身为赏心悦目的艺术画廊。"[①]高校涂鸦墙和寝室文化节等，对大学生中存在的厕所文化、课桌文化、不良寝室文化、广告文化等亚文化行为进行了引导，也为各式各样创意作品的产生创设了载体。涂鸦墙成为赏心悦目的文化长廊，迎合了大学生的需要，成为校园具有文化特点的物质文化景观。

二、提升高校意识文化的内涵

（一）以主流文化为指导

我国高校是社会主义性质的高校，高校文化建设是在社会主流文化占主导地

---

①薛小平. 亚文化的大学表情[N]. 中国教育报，2014-10-20（12）.

位的情况下进行的，摆脱不了主流文化的影响。高校文化建设一旦脱离社会主流文化，就会失去生命力，在实践中也会被淘汰。同时，高校文化的情绪色彩及理想性和批判性风格，使其承载的文化理念、价值追求和主流文化存在一定程度的区别。高校文化建设的一个非常重要的使命是以主流意识形态影响和改造文化，帮助大学生树立与主流价值观相一致的精神追求。因此，高校文化建设必须坚持正确的指导思想，坚持以主流价值观为引领，以马克思主义中国化的最新理论成果科学武装学生头脑，唱响主旋律，确保高校文化站在社会主义文化的前沿。例如，哈尔滨师范大学围绕坚持立德立人的根本任务和实现中华民族伟大复兴的中国梦的目标，通过报告会、座谈会、摄影展、签名活动、训练、观影活动、原创歌曲演唱会、中华经典朗读大赛等，以社会主义核心价值观教育大学生，引领文化发展。要将主流文化融入高校意识文化建设，可以从以下几方面着手。

第一，加强理论学习，提高学生对主流文化的认知水平。把马克思主义理论、毛泽东思想及中国特色社会主义理论的学习，作为学生政治学习的重要内容。通过集中学习、自主学习、体验式学习等方式，让广大学生了解主流文化。通过校报、校园网、校园广播及博客、微博等网络媒体，大力宣传主流文化，占领思想文化阵地。第二，广泛开展主题教育，着力培育社会主义主流文化。例如，以班级为单位，开展培育和实践社会主义核心价值观大讨论，组织播出爱国主义和国情教育片，开展主题团日活动，成立马克思主义社团，成立理论宣传团等，提高大学生政治素养。目前，各类高校理论社团已成为大学生学习、宣传、研究马克思主义的重要渠道。第三，鼓励将正确思想转化为自觉行动，着力实践主流文化。通过开展"三下乡""西部规划""关爱留守儿童"和"关爱空巢老人"等志愿活动，将正确思想转化为自觉行动。在大学生中开展校徽、校旗等校园标志物设计活动，这不仅能丰富大学生文化生活，还有助于构建高校文化建设宣传符号体系，增强校园主流文化魅力。例如，黑龙江省教育厅举办的高校校徽、校旗、校训展及校歌展示活动，不仅吸引了全省70多所高校参与，展示了学校的精神文化，而且从意识文化层面彰显了大学生的精神风貌，确立了师生共同追求的价值理念。

（二）开展中华传统文化教育，提高大学生文化认同感

部分大学生在文化的"娱乐"作用下，表现出对传统文化的冷漠态度。他们宁愿沉浸在流行文化的感官刺激和庸俗享受之中，也不愿意花时间学习传统文化。他们热衷于洋节文化，而对春节、元宵节、端午节、中秋节等中国传统节日却知之甚少，这些中国传统节日一定程度上沦为了"吃节"，文化气息消减，这

极易导致学生产生媚外心理，降低对中华传统文化的认同感。

传统文化凝结着前人对人生、对社会、对自然的看法，是中华民族5000多年生生不息的精神家园。传统文化能够直接影响大学生的文化心理、思想意识、价值观和民族性格。在大学生中开展中华传统文化教育，能够提升高校意识文化建设的内涵和品质，促进优秀文化的传承和创新。高校要整合资源，形成服务体系及相关评价和激励机制，把加强大学生传统文化教育作为一项战略任务抓紧、抓好。在天津举行的"传统文化与术学教育"高层论坛上，来自北大、清华、南开、人大、复旦等40所高校的教育工作者向全国同行发出倡议：在大学教育中弘扬中华优秀传统文化。不仅要把传统文化教育纳入学校教育之中，还要在传统节日开展中华诗词大会、成语大会、书法大赛等校园文化活动，才能形成浓厚的弘扬中华传统文化的氛围。近年来，各类以传统文化为主题的活动在高校流行起来。例如，山东省积极推进中华传统文化教育，用优秀传统文化滋养学生。山东省140多所高校将优秀传统文化融入教材、课堂，渗透到立德树人全过程，坚持贴近师生生活，在落细落小落实上下功夫。中华传统文化教育，让大学生知节明理、修身立德，在文化潜移默化的影响中拥有"先天下之忧而忧，后天下之乐而乐"的宽广胸怀，培养"富贵不能淫，贫贱不能移，威武不能屈"的道德操守，感受"会当凌绝顶，一览众山小"的人生境界。

（三）加强大学生的审美教育，提高大学生的审美能力

在流行文化、商业文化的作用下，受大众审美影响，大学生出现了媚俗化的审美倾向。时下，高校大学生繁重的课业压力和择业压力，也使得许多大学生的主要精力放在了考证上，在一定程度上制约了审美能力的提高。提高大学生审美能力是高校意识文化建设中不能回避的问题。审美教育，是一种通过对大学生进行美的感知、教育与熏陶，进行心灵、行为的教育，使其理解什么是美，怎样欣赏美、追求美和享受美的过程。审美教育将高雅艺术引入大学生的生活，提升大学生的审美能力，为大学生正确地认识亚文化的不良影响并进行多元文化选择提供了依据。加强大学生审美教育，能够在意识文化层面影响大学生，有利于提高大学生的审美能力。高校可以通过开设音乐、文学、剪纸、戏剧等各类文化或艺术类选修课程，举办绘画、雕塑、书法、舞蹈等作品展演，培育高雅校园文化活动，将高雅艺术带到大学生的身边，对大学生进行美的熏陶，使大学生具有较高的审美能力。在大力普及先进文化、高雅文化的同时，高校也要在大学生的日常教育中进行文化引领，教会他们如何进行文化的价值鉴别，引导他们在形形色色

的流行文化中选择那些具有思想性和艺术性、雅俗共赏的文化产品进行欣赏和消费。

三、注重文化载体的建设

高校文化要创建自己的品牌，形成有影响力的项目，需要关注文化载体的建设。努力建立文化载体也是高校文化建设路径创新的重点。文化载体是指各种物质文化和精神文化的承载体、校园文化交流的媒介，是促进高校文化形成和扩散的重要手段。高校文化建设的载体，根据不同的形式，可以分为静态载体和虚拟载体等。高校文化的载体与大学生的全面发展密切相关，与高校的发展目标紧密相连，是一个可以影响大学生接受某种形式文化的程度的重要因素。目前，大学生的文化需求越来越强，体现出高校文化多元化的趋势。各种各样的时尚文化、流行文化和外国文化，借助网络媒体、移动媒体和各种文化活动在大学生中迅速传播。高校文化载体建设不足，阻碍了高校文化的发展。因此，高校在不断丰富文化活动的同时，还应加强高校文化载体的建设，使高校文化具体化、人性化、系统化。

（一）加强以文化阵地为核心的静态载体的建设

文化阵地是服务大学生成长发展的物质基础和重要依托，文化阵地建设是高校文化建设不可缺少的组成部分。只有文化阵地建设好了，才能使高校各项文化活动更有力、更有效地开展起来。从当前高校文化阵地建设的现实情况来看，还存在着许多薄弱环节。高校大学生活动中心、体育馆、音乐厅、礼堂等各类大学生文化阵地，虽然数量众多，但实际上并没有得到充分利用，未能有效、持久、广泛地吸引和服务大学生。进行高校文化阵地建设，一方面，要对文化阵地开展严格检查，图书馆、广播站、学报、校报、宣传栏等文化宣传阵地要紧贴主旋律，保持正确方向，坚决防止低劣文化进入校园。另一方面，要不断更新文化理念，不断提出新颖的文化创意，提高文化活动档次，充分利用现有的各种类型的文化场所，搭建便于大学生广泛参与文化活动的平台。同时，要借助社会力量，在高校文化活动中引入社会的、商业的资源，用于支持活动的开展和阵地配套设施的建设，使高校文化阵地有效、长久地吸引大学生。另外，高校文化阵地建设应最大限度地利用各种社会实践基地、德育教育基地。例如，东北农业大学于1985年至2015年，建立了4个国家级大学生实践教育基地、200多个校外社会实践基地、32个大学生志愿服务站。通过这些实践基地，东北农业大学形成了以"万名大学生心系万村"行动计划为载体的育人品牌。东北农业大学学生利用寒暑假、周末、课余时间，利用深入厂、农村、连队社区、田间地头，深入基层，了解社会，促进自身的成长。大学生深入实践基地不仅能增长知识，提高技能，还能在接受爱国主义精神教育时充分发挥个性，轻松寓教于乐。

（二）强化以网络为中心的虚拟载体的建设

随着信息技术的飞速发展，网络日益成为高校学习与交流的新平台，大学生聚集、交流的方式发生了巨大变化。大学生受文化影响的方式已经由平面走向立体，由静态变为动态。文化传播的方法也由单一传递变为积极的、双向的、多向的交流。学生接受文化的渠道日益广泛。

虚拟载体的广泛使用，打破了"控制式"文化传播渠道的限制，大学生何时受到了什么样的文化熏陶，接受这种文化的程度等呈现出不可预料的复杂性、多变性，引发了社会质疑。因此，高校要加强虚拟载体建设，以先进的思想文化占领网络文化的主阵地，建设大学生喜闻乐见的文化，最大限度地吸引他们参加各种文化活动。例如，兰州大学积极适应网络化发展需求，依托网络载体，构建校内新闻、学生教育和服务娱乐一体化的校园网络文化阵地，设置多种多样的服务栏目。其以大学生喜闻乐见的内容和节目为基础，不仅占领了思想文化阵地，还弘扬了红色主旋律，使学生通过网络随时随地都能受到主流文化的影响，有利于引导大学生树立正确的世界观、人生观和价值观，促进学生成长成才。

加强虚拟载体建设，就是弘扬主旋律。首先，将马克思主义先进文化融入网络文化建设，宣传党和国家的政策理论，传播先进的思想理念，倡导文明的生活方式，为大学生提供更多、更好的精神文化粮食。其次，通过构建丰富多彩的德育专题和先进人物事迹栏目，精心打造红色阵地，发挥党员、优秀学生先锋模范作用，高唱社会主旋律，弘扬时代精神，以先进思想文化占领网络文化主阵地。再次，开展丰富多彩的网络文化活动。结合思想的趣味性、服务性等因素，发挥QQ群、微信公众号、BBS、聊天室等网络媒体的互动功能，多用微信、微博、游戏、动漫等大学生喜闻乐见的时尚形式开展活动，加强与大学生的沟通，及时引导大学生思想动态，满足大学生的文化需求。设立迎新专题、运动会专题、重大节日专题、新生军训专题、毕业生就业专题等网站专栏，为同学们提供服务。最后，运用技术、行政、法律手段，加强网络运营商管理。完善各项制度，规范网络行为，净化高校网络文化环境，使各种有害信息远离大学生，真正实现网络文明。加强网络宣传员和网络文明志愿者队伍建设，选派优秀学生党员和学生干部参加网络宣传活动，抵制错误和腐朽信息在校园内的传播。

第四节　"互联网＋"时代下高校文化管理的体系创新

体系，是指若干事物或某些意识互相关联而构成的整体。高校文化体系是由大学生思想、学习方式、生活方式、课外活动、休闲生活、社会实践和校园建筑元素等组成的一个整体。这些因素之间存在着复杂的互动作用和内部联系。高校应做系统思考，强调建设的方法，坚持理论创新和实践创新相结合，构建全方位的高校文化管理体系，推动高校文化管理的蓬勃发展。在创新高校文化管理体系的过程中，思想文化教育是指导，学习文化是归宿，生活文化是关键，"第二课堂"文化是载体。

一、建立以理想信念为核心的大学生思想文化教育体系

理想信念，是国家和民族的灵魂和精神支柱，也是文化软实力的核心。缺乏理想信念的支撑，一个国家和民族的发展就会失去凝聚力和生命力。广大学生应坚定理想信念，在实现中国梦的伟大征程中牢固树立人生信念。理想信念是大学生思想意识的核心，理想信念教育是高校文化管理的重要组成部分。高校文化管理不仅拓展了高校大学生理想信念教育的理论体系和实践视野，还提出了创新大学生理想信念教育的基本思路，为其提供了新的方向引领，注入了新的动力。创新以理想信念为核心的大学生思想文化教育体系，必须着力创新工作思路，改进方式方法。例如，江西财经大学将高校文化管理与理想信念教育有机融合，通过在校园唱红歌、高扬红色主旋律，大力开展红色革命传统和爱国主义教育，激发大学生把振兴中华的责任感和使命感。构建以理想信念为核心的大学生思想文化教育体系，必须将理论与实践相结合，善用教育载体，采用大学生容易接受的形式。

（一）开展系统化、全程化的大学生理想信念教育

当代高校要实现大学生理想信念教育创新，系统化、全程化是前提和基础。高校要将理想信念教育有机贯穿在大学生学习、生活、人际交往的整个过程中，根据大学生不同专业和教育发展阶段，分层次、分主体开展系统的理想信念培

育；发挥各种文化载体的积极作用，系统营造实践大学生理想信念的教育环境。

首先，要将"第一课堂"的思想政治理论课教学与"第二课堂"的社会实践有机结合，在发挥课堂教育主渠道在理论学习深化、升华等方面的积极作用的同时，使大学生在实践中将理想信念教育与国情、党情、民情相结合，使个人理想和国家、民族理想相结合，让大学生真学、真信、真懂。其次，党团组织要通过开展关于理想信念的主题活动、班会、演讲等，以大学生乐于接受的方式深入开展党史和革命史的教育，把民族精神和以改革创新精神为核心的时代精神相结合，营造积极向上的文化氛围。再次，要发挥手机、电脑等新媒体所能够产生的规模效应，创新理想信念教育的形式与方法，用学生喜闻乐见和易于接受的方式，深化大学生对理想信念的认知和理解。

（二）实现理想信念教育由理想世界到现实世界的范式转化

理想信念教育重视未来，但更加注重大学生的现实生活问题。文化生活存在于主流文化之中，反映了日常生活的主题。高等院校想要实现理想信念教育的时政性，必须实现从理想世界到现实世界的范式转换。因此，大学生理想信念教育应该涵盖大学生的生活，大学生世界观、人生观和价值观教育应结合个人的成长经历，共产主义远大理想教育应结合每个大学生的学习生活现实。在理想信念教育的具体过程中，必须将解决问题的底层逻辑和解决实际问题相结合，解决实际问题涉及的学生的切身利益，满足学生保障性与发展性等不同种类和层次的需求，为学生创造一个良好的成长环境。

（三）优化以主客体互动为基础的理想信念教育模式

教育主体和客体之间的关系是影响大学生理想信念教育的一个非常重要的因素。在传统的教育模式下，学生的参与度不高，理想信念教育和社会现实、学生发展现实相脱离。良好的理想信念教育，能提高学生的参与度，加强师生之间的相互作用，形成一个良性的交互模式，以提高学生的认知和接受程度，实现理想信念教育的基本目标。因此，高校应重视大学生身心发展的实际和内在文化需求，不断探索教育的新模式和新方法，吸引学生积极参与教育过程，形式主体之间的平等互动关系，促进理想信念教育的长远发展。

二、完善以追求卓越为目标的大学生学习文化体系

学习是大学生活的首要任务，大学生对学习的动机、目标、态度和行为等不仅影响个人的学习质量，也折射出大学的学风和治学态度。大学生学习文化体系

建设是高校文化建设的基础性工程，对提高大学生文化素质具有重要的作用。目前，高等教育由精英化向大众化转变，学生素质存在差异。除了受到快餐文化、网络文化的影响外，大学生学习方法不当、学习态度不明确、学习效率不高等，也是影响建立科学的学习文化体系的重要原因。越来越多的大学生很少去图书馆看书、学习，作业抄袭、论文注水成为普遍现象。高校应将卓越理念融入大学生学习生活，把握大学生学习生活的特点和规律，积极提高大学生的学习自主性，构建充满活力的大学生学习文化体系。例如，中国矿业大学把大学生的学风作为一本教书育人、治校立校的"书"，以提高学生创新素质和实践能力为核心。该校以大学生科技文化艺术节为载体，搭建学生素质拓展平台，推进优秀学风创建活动。高校可依托大学生社团活动，通过数学建模社团、大学生科学协会、机器人俱乐部等，定期举办创新和学术交流活动，激发学生的学习的热情；以社会实践为线索，倡导大学生走出校园，开展学习实践、调研活动，促进大学生理论与实践的结合。

高校大学生学习文化体系创新是高校文化管理体系创新的重要组成部分。完善大学生学习文化体系应从以下几个方面着眼。首先，坚持学习理念创新，引导大学生形成终身学习思维。当今社会科技飞速发展，社会发展日新月异，学习已成为每个成员适应社会变化、获得个人成长的第一需要，必须贯穿于人一生的发展之中。高校应帮助大学生树立"学习无处不在、无时无刻不在""学无止境"等终身学习理念，营造学习氛围，鼓励团队式学习，通过实践学习等方式提高大学生学习的主动性和计划性，转变大学生应试式的被动学习风格，倡导学习方式、学习策略创新，提高学习实效性，满足个人终身学习需求。其次，构建学习型组织，发挥团队式学习在提高大学生素质和能力中的作用。通过大学生社团、兴趣小组、学习小组及科技创新小组，促进"第一课堂"与"第二课堂"文化的衔接与融合，倡导多元的大学生学习形态，推动形成活跃的学习氛围。再次，加强数字学习平台建设，满足大学生数字学习的发展需求。通过加强对E-Learning平台的建设，以网络公开课、慕课等更方便、快捷、生动的形式帮助大学生进行选择性自主学习。

通过上述措施，可实现大学生学习行为在理念层面、实践层面及技术层面的有机结合和良性互动，有利于推动大学生学习文化体系的科学有效发展，促进大学生养成良好的学习习惯。

三、养成以社会主义核心价值观为遵循的大学生生活文化体系

所谓生活方式，就是作为社会主体的人，为了生存和发展而进行的一系列

日常活动的行为表现形式，是人们生活活动的总和。生活方式是一种持久的行为模式，是社会和文化背景的复合表现。高校大学生的生活方式囊括了大学生的衣食住行、学习、娱乐休闲、人际关系等多个方面。在流行文化和大众文化的影响下，大学生的学习、娱乐、生活呈现出边缘化、风格化的特征。例如，在大学生的日常生活习惯中，"宅"是一种普遍现象。他们上午"宅"在宿舍睡懒觉，白天"宅"在宿舍吃快餐，晚上"宅"在宿舍玩游戏。"宅"在宿舍占据了他们大部分时间，但用于学习和体育锻炼的时间很少。

部分学生追求品牌消费，喜欢购买个性化商品，注重个人打扮，逃课或雇人代替自己上课。这些糟糕的生活方式透露出危险的信号。大学生是新生活方式的积极探索者，他们的兴趣和价值倾向也通过生活方式的选择和创造表现出来，生活方式成为日常生活领域文化态度和文化实践的识别性标志。作为高校整体文化管理中的重要环节，创新高校大学生生活文化体系，就是要以社会主义核心价值观为精神内核指导大学生健康生活方式的形成，把社会主义核心价值观的内容和要求融入大学生的生活态度、生活理念和生活方式，把社会主义核心价值观的"三个倡导"要求作为大学生日常生活的基本规范、基本准则和是非评判标准。首先，将社会主义核心价值观的内涵通过各种教育管理、宣传、文化活动、检查评价等手段融入大学生宿舍生活、社团活动及社区建设中，帮助大学生养成良好的生活习惯，营造集体热爱生活、相互关心、充满活力的生活情调，实现人与人、人与生活环境的和谐，打造具有时代特征和生活特色的文化育人高地。其次，通过社会主义核心价值观教育，使大学生将学校教育、管理方面的制度规范内化为个人行为标准，进而外化为行为习惯，达到知行统一。再次，通过倡导健康生活、宣传文明习惯等方式，帮助大学生树立勤俭节约的生活观念，养成良好的消费习惯，克服虚荣的消费心理，营造绿色消费、低碳消费的校园环境。最后，围绕"爱学习"这一主题，加强学风引领和学风教育。邀请学习就业、专业实践、科研创新等方面的学风模范兵，与大家分享经验，营造学习氛围。

四、培育以素质拓展为导向的大学生"第二课堂"文化体系

"第二课堂"是与"第一课堂"相对应的概念，是指在教学计划之外开展的一切社会实践、休闲娱乐、文体、科技创新等活动。"第二课堂"活动能够开阔视野，扩大知识面，提升大学生的综合素质，促进其全面发展。因此，培育"第二课堂"文化体系，在高校文化管理中具有重要的作用。创新"第二课堂"文化体系，要从发展志愿服务文化、塑造闲暇文化、丰富课外科技文化等方面入手。

（一）发展大学生志愿服务文化

志愿服务活动是提高大学生实践能力的重要平台。大学生志愿服务文化是在长期的实践活动中积淀形成的，"是大学生实践理念、实践模式和实践风格的综合体，反映了大学生的实践导向、创造意识和创新能力"①。创新以实践育人为理念的大学生志愿服务文化培育体系，是高校文化管理中的基础性工程，对于提升大学生的综合素质具有重要的意义。在志愿者活动过程中，高校、社会和学生三者要密切结合，不断创造出大学生志愿服务的新途径、新模式，为文化育人提供新的依托。

高校发展志愿服务文化，一方面，要以寒暑假社会实践作为构建志愿者文化的重要载体。根据学校的特色和学生的个人特长，结合农村、社区文化状态，通过志愿服务活动，大学生深入社会，将高校文化融入社会文化之中，使大学生真正了解和思考社会文化、解读人生、感受民生，更清楚地了解梦想与自身的距离，了解社会对学生的要求和自我要求之间的距离，培养大学生的社会责任感和"奉献、友爱、互助、进步"的志愿者精神。另一方面，要把专题性志愿服务活动与日常性志愿服务活动结合起来，推动志愿服务活动的常态化。高校要调动大学生积极参与社会公益项目，将"三五"学雷锋活动、西部计划、大型赛事志愿服务、春运志愿服务等专题性志愿服务活动与关爱留守儿童、空巢老人、残疾人等日常性志愿服务工作相结合，依托项目化运作、全过程管理、制度化激励等机制，打造具有社会影响力的志愿服务品牌。大学生只有在服务社会过程之中，才能把优秀高校文化融入社会文化之中，用文化服务、反哺社会文化，同时从农村、社区、企业、部队的文化之中汲取新的、积极进步的文化因素并将其融入校园文化之中，从而由校园文化管理中的被动接受主体转变为真正意义上的文化主体，自觉抵制大众文化的消极影响。

（二）塑造大学生闲暇文化

大学生有着较为充裕的课余时间，需要大量积极有益的文化活动来丰富和完善学生的课余生活。首先，高校要充分重视学生的各类社团建设，依托社团开展各类格调高雅，而又为大学生喜闻乐见的文化活动。创造文化精品，向青年大学生传播和普及优秀文化，营造高雅、健康的文化环境。同时，尊重学生的个性，鼓励大学生创建具有创新创意特点的科技社团、动漫社团、影视社团、原创音乐

---

① 王娟. 论如何结合社会主义先进文化建设系统创新大学生文化体系[J]. 当代教育理论与实践，2012（2）：90.

社团等，使学生的课余文化生活更加具有文化内涵，从而摆脱因校园周末"文化沙漠"而产生的对大众文化的过度依赖，营造良好、健康的闲暇文化氛围。其次，高校要充分利用好校内外的学术资源，聘请专家学者到校举办学术讲座、学术研讨会和学术沙龙等活动，将推进专业文化发展与大学生闲暇文化活动结合，树立文化精品意识，营造尊重学者、崇尚学术的文化氛围。再次，高校要以丰富的媒介拓展高校文化活动视野，利用智能手机等新媒体资源，打造校园互动媒体阵地，引领数字校园时尚。在大学生喜闻乐见的新媒体平台上，打造大学生学习、交流的新阵地；通过校报、广播、校园宣传栏、图书馆等传统的文化传播媒介，向学生传播中华传统文化，介绍世界优秀文化，提升大学生文化品位。

（三）丰富大学生课外科技文化

大学生对先进的科技有着天然的敏感度，他们是新科技、新技术的体验者和把握者。在高校文化管理中，应重视大学生的课外科技活动。通过开展课外科技活动，激发大学生进行科研、发明创造的热情，将"第一课堂"与"第二课堂"相结合，丰富"第二课堂"的活动内容，提高"第二课堂"的活动质量。在课外科技文化体系建设过程中，应把大学生创新能力和动手能力的培养放在突出的位置，有目的、有计划地通过课外科技活动、创新实验、科技竞争等对大学生进行科技创新教育，引导大学生参与科技攻关，提高大学生的科技和创新意识，让他们为经济社会发展贡献青春力量。高校可通过举办大学生科技文化节、科技讲座、科普展览、科学游戏等大学生科技活动，形成浓厚的学校学术科研氛围；进一步完善大学生参与科技创新活动的激励体系，营造良好的高校环境，引导高校科技文化发展方向，抵制低俗文化的不良影响，形成健康的大学生成长环境。总之，丰富大学生课外科技文化，可以激发和培育大学生的创业精神和创新基因，促进大学生创作符合时代潮流的大学文化精品，培育大学生的创新精神，提高文化建设的实际效果，推动高校文化管理的蓬勃发展。

第五章

『互联网＋』时代下高校教学管理的创新路径探析

第一节 高校教学管理机制

一、高校教学管理机制的内涵

高校教学管理机制包括教学管理决策者、教学者、学习者、教学评价员、教学主管等；分为教学体系，还有科研体系、后勤系统、人事管理系统、学生工作体系、成人教育体系等。所有这些体系内的各种因素构成了极其复杂的动态关系。要实现高校内各要素的和谐统一与各动态系统间的统一，就必须建立有效的教学管理机制。准确认识高校教学管理机制的内涵是建立教学管理机制的基本出发点，也是建立教学管理机制的现实前提。

（一）机制

要了解高校教学管理机制的内涵，首先必须了解机制的内涵。但是，由于机制的概念本身是抽象的，而且不同的管理理念的理论基础不同，所以人们对机制的理解也不同。为了理解这个概念，我们可以从一个普遍的角度出发。机制与竞争密切相关，没有竞争，机制可能也就变得不那么重要了。

竞争可能引起的人与人之间的冲突，需要通过各种有形或无形的手段将其置于一定的要求之下。人类事务的集体性质决定自发机制的存在，任何社会活动都有一定的机制，机制起着指导和限制的作用。在教育领域全面实施市场化教育改革后，社会将对个体和集体教育行为提出相应的要求。因为市场化在某种程度上意味着行动自由，但是任何社会都需要限制个人和集体的行动自由程度，以确保实现公共利益。关键在于如何在竞争中保持有序并逐步扩大规模，同时使最终结果大大优于每个个人单独活动的结果。人们对机制的理解可以分为以下几种。

1. 机制即制度

在人们对机制所做出的解释中，机制似乎总与制度联系在一起。从此意义上来说，制度运行及同制度运行有关的组织系统内部的关系就是机制的含义所在。因此，要理解机制，首先必须理解制度。关于制度，人们通常认为是指在一个社会组织或团体中要求其成员共同遵守并按一定程序办事的规程。由此可知，制度涉及两个方面的内容：一是人们生活于其中，能够既保证个体利益又不妨碍他人利益的基本规范；二是关于制度的制度，即在制度确定之前，必须考虑一个为人们所共同遵守的制度应当如何被制定出来，也就是议事的规程或办事的程序。与制度相关的概念是制度建设，也就是通过组织行为完善原有规程或建立新规程，以便获得更好的效益。

2. 机制即博弈规则

从博弈论的角度来看，其实就可以将机制理解为社会的博弈规则，它是人设计的，能够制约人们相互行为的约束条件。生活在社会里的每一个人的行为，都不是单纯的个人行为，总会受他人影响或会影响他人的存在、他人的行动。因此，每个人的行为都是相互行为。为此，社会组织的建构就必须考虑对人们的相互行为加以约束。例如，当若干人聚集在一起分蛋糕时，就必须要考虑建立起能够切分蛋糕的机制，以使切分公平，同时又使得这些人集合在一起而建立起社会组织。如果没有这样一个有效的切分机制，那么，不仅会使个人利益受损，而且将使得建立社会组织成为不可能。笔者认为，有效的机制是"分切蛋糕者后取"。当然，这牵涉对人性的基本判断的问题。这些约束条件可以是非正式的，也可以是有意识设计或规定的正式约束。而博弈规则就是让参与的人采取行动，以及由参与人决定每个行动组合需要对应何种物质结果。所以，从博弈论出发，还能从其他方面定义机制，即通过为组织安排某种制度，而约束或激发组织内部个体、群体行为的一种活动。由此可得出结论，制度安排就是机制的核心，目的则是约束和激发组织内部中个体或群体的行为。

结合上述机制的制度观和机制的博弈论观点，可把机制当成社会为了对个体、群体进行约束和激发，从而设计出的制度安排。而在这一定义之中，机制的主要功能有两个。第一个是对个体或群体进行激发，从而促使某种行为发生。而这种被激发出来的行为，正是组织所期望的行为。组织借助这些行为能够有效地实现组织目标。第二个是抑制个体或群体的某些行为的发生。这些被约束的行为是组织系统所不期望的行为，且它们的发生将对组织目标的实现产生严重的阻碍作用。同时，上述定义中所提到的制度是具有人为设计出来的正式规则的意义的。因为就人类的约束机制而言，大量的规则，即那些对人的行为有着重要的影响的习惯、道德、风俗等，乃是自发形成的；而人类设计出来的制度，只是人类的各种规则中的一小部分。

（二）高校教学管理机制

教学管理系统在操作过程中，其各组成要素间的相互联系和相互作用，这也是对教学管理机制运行过程属性的抽象概括。即便教学管理系统与很多要素有关，如时间、空间、人、财、物，而且教学管理学所要研究的对象就是要素间的各种关系，但对于机制设计来说，人才是最关键的要素。所以，从本质上看，教学管理机制必须考虑人与人之间的关系。从个人或群体的意义上讲，人类双方的关系问题，即人与人之间的关系、人与团体之间的关系、团体与团体之间的关系，才是管理者应主要考虑的。

我们可将教学管理机制理解为，为了对教学组织系统内部中个体、群体的行为进行约束与激发所设计的制度安排，即教学组织系统。而其中，教师、教学管理者、学生、高校内部与教学有关的其他人员都属于教学组织系统内部的个体，重点是教师和教学管理者；而群体则是上述个体的类的集合，如作为群体的教师、作为群体的学生、作为群体的管理者。组织系统内部各成员之间的行为是相互影响的，单纯地看，一个制度安排也许是好的；但是由于它必然要牵涉组织系统内部的其他成员，一个看起来好的制度安排实际运行后得到的可能是一个坏的结果。

二、教学秩序与常规教学管理机制

使教学工作程序化、制度化和标准化，保证教学质量，是学校教学管理最基本的内容之一。

教学是教育学生的一个基本方式，也是组织和计划教师的教学和学生的学习的过程。常规教学管理一直是学校管理的重要内容，也是学校领导的基本活动。常规的教学管理除了是学校的基础，可确保教学工作的正常进行，还在很多方面起到非常重要的作用，如加快教育改革和教师的发展。学校教学管理是否和谐顺畅的关键在于是否建立了正常的教学秩序。建立正常的教学秩序，是教学工作得以正常进行的保证，是提高教学质量的重要条件。

（一）教学秩序的含义

稳定、充满活力且协调的教学秩序被称为良好的教学秩序。教师创造条件为学生传授人类已经探究过的科学真理的过程就是教学，同时也是教师对学生加以引导，从而使其将知识向能力转化的特殊过程。该过程与各年级学生的年龄特征、各年级的教材编排和课程设置等有关，也与教学任务、教学目的、教学方法等层次要求有关。学校管理者首先要考虑的，就是怎样使教学过程产生更好的教学效果，并建立稳定、协调且有活力的教学秩序。

稳定的教学秩序就是学校在一定的时期，按一定的标准，招收一定数量和质量的学生，开设一定数量的课程，使用一定质量的教材，使学生经过一定年限的学习，达到一定的成绩标准并毕业离校。这是一个年复一年、周而复始地运转的过程。学校应当时刻按照教学规律办事，才能使教学过程正常地运转下去。学校应当根据自身特点，制定各种规章制度，使教学工作有章可循，各部门照章办事，所有员工各司其职并互相支持和配合。

协调的教学秩序就是上述各种因素既有各自的客观标准，互相之间又有相互制约的关系。课程的多少、教材的深浅繁简与学习年限的长短、学生入学程度的高低、教师教学能力的强弱，都应该相互协调。如有一处脱节，就会引起紊乱，教学中的各种正常关系就会失调。

有活力的教学秩序要求改进课堂教学方法，让以学生为主体的课堂代替以教师为主体的讲堂，同时也要将这两者有机结合起来，使课堂教学与课外活动互相补充、互相推进，以拓展学生的视野，发展能力，增长才干，丰富精神生活和增强体质。这种师生与课内外的有机结合，能够陶冶学生的情操和开拓他们的思维，使学生形成爱科学、学科学、用科学的兴趣，从而主动地学习。

稳定、有活力、协调的教学秩序，有助于教师顺利完成各项教学任务。学生的德、智、体、美等全面发展是学校教育的目标。保证学生在德、智、体、美等方面都得到发展，是学校管理工作的全局目标。教学计划是学校管理工作全局的一个主要组成部分。学校除了教学工作外，还有以团、队、政治课教师、班主任和校医等为主体的体育卫生保健工作、行政管理工作及总务工作等。学校的各项管理工作都要围绕教学工作这个中心。学校应制定相应的工作制度，为建立正常稳定的教学秩序创造良好的条件。

（二）教学秩序的意义

1. 是全面提升教学质量保证

评判教学质量的高低，不仅要看智育任务完成的情况，而且要看德育、体育、美育等任务完成的情况。智育任务不仅强调基础知识和基本技能的教学，还重视通过课堂教学和课外活动相结合的方式发展学生的能力。真正高质量的教学，必须做到上述几个方面的有机结合，统筹兼顾。而要保证学生德、智、体、美诸方面全面和谐的发展，就必须建立正常稳定的教学秩序。只有这样才能把学生从过重的课业负担和频繁的考试束缚中解放出来，让他们学得开心，让他们在掌握知识的同时提高自身的实践能力、自学能力和创造能力，让他们在长知识的同时长身体、长才干，并形成高尚的道德品质和良好的行为习惯。

2. 有助于防止教学管理混乱

近年来，涌现出一批坚持全面育人、减轻学生过重的课业负担、提高教学质量的先进高校。这些高校端正教育思想、加强科学管理、提高教师素质、改革课堂教学，建立了正常稳定的教学秩序，取得了十分可喜的教育成绩。但是仍有相当数量的高校任意改变教学计划，随意增减课时，频繁考试，布置过多的作业，让学生在校时间过长。有些教师甚至扶优逐劣，歧视后进学生，教学秩序比较混乱。所以，常规教学管理的首要任务就是要努力建立正常稳定的教学秩序，坚决防止这种混乱现象出现。

三、常规教学管理机制的内容

常规教学管理机制的内容，从时间上区分，可分为学期初、学期中和学期末的常规性工作；从环节上区分，可分为教务计划管理和教务组织管理。

（一）分时间

1. 学期初的常规性工作

学期前，学校的首要任务是确保班级像往常一样开始和尽快走上正常的教学轨道。一般来说，常规性工作是学期初期最常做的，包括招生，编排课程表、工作时间和休息时间，准备其他活动，等等。这些都是学校的正常工作内容，可反映教学秩序，充分体现教育教学计划。

在学生基本办完入学报到的各种手续后，教师和学生要共同组织好"第一课"。教师需要在第一堂课就给学生一个深刻而美好的印象，让学生理解和相信教师，有利于后续教学工作的顺利开展。好的开始意味着成功的一半。教育行政管理人员必须抓住机会，适当、合理地调动教师和学生的积极性，努力把教师和学生的兴奋中心转移到"第一课堂"，敦促他们把重点放在教学和学习上。

2. 学期中的常规性工作

在开学之后到期中考试前夕，教学管理工作的重点是多而复杂的，例如，教务处要制定和实施教学计划和学生活动计划，对全校学生名册进行编辑，时刻检查教学进度，关注相关规章制度的修订，组织教师会议并积极听取意见，查看教学成果和组织中期测试。在这个阶段中，各科教师还要在教务处的协助下开展学科的课外小组活动，落实课外教学活动计划。

而教务处在期中考试之后的工作重点就是做好期中考试总结，在检查、评估教学工作方面积极地配合校长，并在此基础上分析影响教学质量的关键问题，提出相关的改进措施。

3. 学期末的常规性工作

当学期快结束时，教务处的工作重点开始转移为组织期末考试和评分工作；分析整个学校的教学质量和为学生的留级或升级提供足够的材料；组织班主任汇报学生的行为评估；记录好学生的出勤率，并且公布；对期末之前的工作进行总结，收集好曾经评选出来的"三好学生"和"优秀教师"的材料；颁发毕业证书和通知书等；组织、指导教师做好期末工作，包括教师的教学总结，办公室的工作检查和评估，安排假期工作，制定下个学期教学计划，等等。学期末的常规性工作是教学过程中重要的一环，既承上又启下。因此，必须做好学期末的常规性工作，不能重开端而轻结尾，从而影响教学管理机制的平稳运行。

（二）分环节

1. 教务计划管理

（1）教务处教学工作计划。

学校应在总体工作计划的指导下，开发教务处教学工作计划。教务处教学工作计划是整个学校的工作计划中非常重要的组成部分之一，应由校长亲自主持编制该计划，且辅助制定者是教务处主任。教务处教学工作计划的主要内容包括：制定、实施和改进教学工作计划；加强师资队伍建设力度；开展教学研究，促进教学改革的措施；完善管理制度，稳定教育秩序；加强实验室的建设；等等。

（2）教师教学活动计划。

学校教学活动计划管理的基础性工作之一是指导教师制定自己的教学活动计划。学校教学活动计划必须落实到教师的教学活动计划中，因此教务管理者应重视落实教师的教学活动计划。教师教学活动计划主要包括以下几个方面：分析上学期学生学习本科课程的一些情况，包括基本技能、学习态度和方法、发展水平等；分析教材体系的结构及教材与教材之间的关系；改进教学方法的措施；教学进度安排；等等。

2. 教务组织管理

制订学校教学计划后，教务处应当负责教务组织的管理工作。例如，安排课程、代课、补课，检查教学进度，检查教学质量，听取教师意见和建议，召开教师会议，组织班主任填写学生平时成绩和操作评定通知书，组织师生进行教学或学习经验的交流，详细记录和公布各年级缺勤情况，收集"三好学生"和"优秀教师"资料。

一般来说，学校对教务组织管理非常重视，特别是教务组织工作中的统计管理。加强教务统计管理，可以使学校时刻把握发展动态和基本情况，在遇到问题时及时采取有效的措施。学生考勤统计、基本情况统计、学习负担情况统计、各科成绩统计及完成教学计划统计等均属于教务统计范畴。学生统计报告包括全校学生人数、男女生人数、户籍、来源、民族、党团成员人数等。教职工简报包括教职工总人数、男女教师总人数、各专业人数、教师文化程度、年龄、退休教师人数等。此外，还有学生迟到、早退人数报告，学生考试成绩统计报告，教师出勤情况报告等。

四、管理方法

（一）根据教学方法的多样性进行管理

教育学教科书往往会引入各种各样的教学方法。教师在教学实践中所使用的教学方法是不固定的。在教学过程中，教师使用的不是单一的教学方法，而是各种各样的教学方法。除了一般的教学方法，跨学科的教学有自己的教学方法，如数学教学、语文教学方法。某一学科的教学方法也有很多种，如外语教学中的听、说、读、写教学。其中，阅读教学法就可以分为单独的精读、泛读、快速阅读等。总之，各个学科都有很多教学方法。

教学方法的多样性受到许多因素制约，如教学任务、教学内容、教学条件、教师的特点、学生的特点。教学方法的多样性对高校教学管理提出了如下要求：首先，教师需要学习和掌握各种教学方法；其次，高校应根据教学实践，指导教师运用多种教学方法；最后，高校应热情辅助教学改革，支持和鼓励教师创造新的教学方法。当然，老师对于教学方法的运用应持慎重的态度。老师应仔细分析和选择不同的教学方法，结合教学实际使用，不能单一地使用某一教学方法进行教学。

（二）根据教学方法的综合性进行管理

在一门课上，教师不能只用一种教学方法来达到教学目的，需要结合多种教学方法，综合运用。例如，教师在上物理课时，通常使用演示法来证明力学原理。但在此之前，教师往往先进行复习检查，向学生提问，重温上一节课的内容；在教新课时，教师多以提问为主，让学生产生疑问，演示相关教具，在演示过程中引导学生，启发观察和思考；教师根据学生回答问题的情况，了解学生的学习情况，布置作业。

在这一系列活动中，教师运用多种教学方法，如检查复习法、演示法、指导观察法、讲解法。综合运用教学方法的原因有以下三个：一是教学内容复杂。每节课的题目可能只有一个，但是围绕一个题目会有一些具体问题，所以教师应该根据教学内容采取不同的教学方法。二是学生的学习是一个过程，因此教师在不同的阶段应采取不同的教学方法。三是某一教学方法对某一部分的教学内容起作用，但不对所有的教学内容起作用。因此，在教学过程中，教师应结合各种教学方法。根据教学方法的综合性特点，管理者可以在管理过程中指导教师综合运用各种教学方法，将各种教学方法有机结合，既可以"以一法为主，多法相助"，也可以"多法并用，相互补充"。当教师只用一种方式进行一堂课的教学时，学生上课容易感到疲劳，无法达到预期的教学效果。

（三）根据教学方法的艺术性进行管理

对于教学法，教师要掌握教学有法、教无定法的特点，正确处理"有法"与"无定法"的关系。教学有法指在任何教学活动中，教师都必须运用一定的教学方法。教无定法指教师在教学过程中不能固守某种单一的教学方法，不能将教学方法公式化，应根据教学需要灵活运用各种教学方法。教学有法讲教学方法的科学性，教无定法讲教学方法的艺术性。所以，教师在教学过程中，不仅要注意教学方法的科学性，还要注意教学方法的艺术性。教学方法的艺术性指教师在使用教学方法时，不能按固定的程序使用，而是应该根据条件和需要，善于将教学方法创造性地应用于教学实践。教学方法如何使用、何时使用，主要取决于教学的实际情况。教学活动是师生的双边活动，能充分体现师生双方的主观能动性。随着教学活动的推进，学生的心理活动、学习表现将出现新的变化。不同的学生对相同的学习内容有不同的表现。即使是同一个学生，根据学习内容的变化也会有不同的表现。例如，教师在运用讲授法进行教学时，应注意到学生不感兴趣，并运用其他方法激发学生的求知欲。当学生感到疲惫时，教师可以运用有趣的方法，启发学生的学习兴趣，消除学生的疲劳感。根据教学方法的这一特点，在教学方法的管理中，管理者必须强调教师熟练掌握各种教学方法，要求他们灵活、创造性地将教学方法运用于不同的教学情境中。只有灵活、巧妙地运用各种教学方法，才能产生良好的教学效果，充分发挥教学方法的作用。

（四）根据教学方法的发展性进行管理

教学方法是随着社会发展和教育发展而发展的。没有永恒的教学方法。教学方法的发展不仅指"量"的增加，而且指"质"的提高。教师不仅要创造出更多的教学方法，还应根据教学的发展不断改善教学方法。

首先，管理者应鼓励教师学习古今中外优秀的教学方法。我国历史源远流长，有着丰富的知识宝藏，在教育方面也有许多值得我们借鉴和发扬的内容。管理者应鼓励教师认真学习我国古代的教育方法，剔除其糟粕，吸收其精华。我国古代教育家们创造的许多教学方法仍然具有旺盛的生命力，如"启发诱导""长善救失"。对历史秉持虚无主义的态度是十分错误的，而不分良莠全盘继承也是不正确的。所以，教师应批判地继承我国古代优秀的教育遗产。对国外的教育教学思想、方法，教师也应积极地吸收。凡是有用的，教师都应努力学习。同样，盲目排斥是错误的；而不加分析、全盘接受也是不正确的。

其次，管理者应支持教师在实验的基础上大胆创新。学校教导主任要认识到教学方法对实现教学目的的桥梁作用，应鼓励和支持教师不断去实验，在实验的基础上创造出新的教学方法。

再次，教学方法改革要和教学的其他改革配套。教学方法应服务于教学思想与教学目的。而制约它的则是教学对象、内容与组织形式等。并且，若不改革传统的考试制度与教学指导思想，教学方法是很难得到发展的。所以，教学方法改革应和学校教学整体改革相结合。单一的教学方法改革的效果不会太理想。

最后，教法改革和学法改革并重。教学过程是教和学统一的过程，是一个过程的两个方面。因此，教学方法改革是教法和学法两方面相互协调和统一的改革。长期以来，教师对学法重视不够。实际上，教法是为学法的有效性服务的。教师在教学过程中应加强教法和学法统一的研究，促进教学方法的发展。

第二节　"互联网＋"时代下高校教学管理模式变革

一、"互联网＋"时代下高校教学管理观念的变革

（一）由以事为本转变为以人为本

当前，"互联网＋"时代下高校教学管理应贯彻以人为本思想，面向基层、服务对象、教学活动等。管理者无论实施哪一项与教学管理有关的制度、政策、措施，都必须以这一点为前提，促进教师教学的自主性和创造性、学生学习的积极性和主动性等，培养学生的实践能力和创新精神，从而培养学生的创造性。因此，现代高校教学管理观念必须转变为以人为中心的民主管理观念。"互联网＋"时代下的高校教学管理要改变被管理者学生和教师的被动地位，使他们在属于管理对象之一的同时，能够具有管理主体的观念。同时，要采取民主和参与式管理方式，充分保证教师顺利参与教学管理活动并提出有关教学管理的建议，这有助于学校教学管理工作的顺利开展，保证教学质量。管理者和被管理者之间有工作关系和人际关系的双重关系。工作关系主要强调责任，人际关系强调情感交流。

在学校教学管理过程中，管理者需要保持双重关系的大致平衡。从被管理者的角度来说，管理者除了需要强调工作关系，严格要求被管理者，坚持管理原则外，还应注意人际关系的重要性，即增进彼此的感情，爱护被管理者，关心被管理者。

（二）坚持"以教师为主导，以学生为主体"的教学原则

"以教师为主导，以学生为主体"的教学原则强调让学生在学习时明确自身地位，以教学主体的身份而存在。因此，教学活动的最终效果或评估系统不是基于教师所教的内容，而是基于学生所学的内容及其对他们的素质产生的影响。从本质上说，这是以人为本思想在教学管理过程中的重要体现。

二、"互联网＋"时代下高校教学管理模式的变革

"互联网＋"时代下的高校教学管理模式必须既严格又宽松。例如，对于创造性人才的培养，在管理模式方面应比较柔软和有弹性，充分挖掘学生的潜力，并为其发展个性创造条件。因此，管理者在教学管理中要经常对规范性、严谨性和灵活性进行调整，并提供足够的空间和时间给学生，使其发挥自己的个性，进而使其的创造性思维在宽松的环境氛围中得以发展。与工业经济时代"标准化"教育的"刚"性管理相比，当前"互联网＋"时代的教育是在鼓励创新教育上具有较高理论水平的"柔"性管理。因此，我国高校要特别重视改革"刚"性教育管理制度。深化教学管理改革，需要教师发挥巨大作用。因此，管理者应鼓励教师积极参与教学管理改革。现行管理制度已经在一定程度上阻碍了改革的进程，例如，许多高校实行教育工作量制度，主要通过计算教师承担教育任务的总量来控制教师的工资和奖金。但在改革教学管理的过程中，教师经常投入大量精力，如编写新教材或制订改革方案。在大多数情况下，当前的工作量一定会超过原来的教学任务工作量。但这一过程在教育工作量标准中几乎没有体现出来，这导致了教育管理改革动力不足的问题。因此，高校需要出台一些政策，保证或鼓励教师积极实施教学改革。这也是当前教育管理需要进一步解决和研究的问题之一。

目前，国家淡化了专业类别，但就具体的人才培养计划而言，其专业性依然很强，学科交叉的目标尚未实现。因此，改革现有的教学管理模式是教学管理改革的突破口。先进教育思想观念在人才培养模式中的应用有赖于高校教学管理部门的有效协调、组织和实施。例如，高校教学管理部门的重要任务是制定人才培养计划。其遵循的原则是否符合培养创造性人才的要求，是否协调各方面的关系，对深化教育教学改革具有重要影响。对于课堂教学评价来说，传统意义上的重点突出、逻辑性强、课堂问题得到解决等，是上好课的基本标准。基本标准主要服务于传授知识的教学模式。从培养学生创新精神的角度来说，传统的教学方式是办不到的。因此，高校教学管理部门要制订新的教师教学评价标准，在教学评价时要以现代教学理念为指导，激发教师教学改革的积极性。改革教学管理模式后，高校教学管理部门要改进教方面的管理和学方面的管理，主要关注学生的学习方法、态度、习惯和效果等。在人才评价标准方面，标准过于单一的评价机制往往会压制学生的个性发展，扼杀其创新精神。所以，高校教学管理部门要正确对待每一个学生，支持其个性发展，开发他们的潜能，使其能够培养自己的兴趣爱好。因此，高校教学管理模式变革的重点在于建立有利于学生和教师创造性培养的科学评价体系和评价方法。

第三节 "互联网＋"时代下高校教学管理的信息化创新

一、高校教学管理信息化建设的意义

高等教育必走的强业之路，就是保证教育信息化能够迅速稳定地实现的道路。为满足当前我国高等教育不断扩大招生规模、不断加强校内建设的需要，高校教学管理的信息化建设刻不容缓。学校中教师数量不断增加，学生数量也在逐年增加，学校管理工作难度加大。国内高校教务部门逐步投身高校教学管理信息化建设，逐步带动教学模式信息化的快速发展。同时，国内高校教学管理体系应实行相对统一的运行标准，以保证各高校之间能够顺利配合进行教学管理，如学籍档案管理、用户管理方面的工作。高校构建教学管理信息化体系，除了可以提高教学信息处理能力、增强信息储存的管理力度外，还可以使校内教学管理工作有序发展。这可以在一定程度上减少管理人员工作量，防止因部分管理人员态度不认真而出现信息管理混乱现象。由此可见，在教育体系中，教学管理工作发挥着重要作用。

在入学时，学生必须将档案和学籍信息存放在教务部门。因此，在日常工作中，教务部门必须保证工作高效化，及时向学校领导、教师、学生提供他们需要的信息，从而使他们能够在工作、学习中始终共享信息资源。这对提高教职工的工作效率和学生的学习效果非常有利。

二、高校教学管理信息化平台

（一）高校教学管理信息化平台的内容

教学管理信息化平台的构建是当前高校教学管理的重点。构建教学管理信息化平台是高校教学管理信息化发展的核心。因此，教学管理信息化平台必须包括以下七个板块的内容。第一，用户管理。所设置的用户层可以包括学生、教师或校内其他人员。这些人员需要输入账户名称和密码，验证通过后才能访问平台，这可进一步保障教学管理信息化平台的安全。此外，教学管理信息化平台在用户选择板块内容时应给予相对的自由，但不允许用户随意更改信息。第二，课堂管理。教学管理信息化平台应能及时录入平台管理员开设的课程及课程相关信息，如录入课程时间和课程编码，使师生能及时找到与课程相关的资料。第三，智能化课程。课堂教学的合理程度与教学结构的合理优化相互直接影响。系统也可根据具体教学情况优化教学资源。第四，教育计划的设定。平台应便于学生确认自己完成学业的情况，为毕业做好充分准备。第五，对教材的精准管理。这种管理的目的是使师生及时收到教材，推动学习进程。它使教材的管理变得容易，可以记录购买的书的价格、版次、出版日期等信息。第六，注册管理。学生完成人工注册后，必须在网上重新注册。这是为了防止学生丢失自己的信息。第七，成绩与学籍管理。学生学籍的主要信息包括学生的日常表现、在校成绩记录等。教学管理信息化平台统一管理这些信息，不仅可以减少教师的工作量，还可以提高高校对学生的管理效率。

（二）高校教学管理信息化平台建设的策略

高校要想建设高品质的教学管理信息化平台，就必须谨记"人不在于多，而在于质"，也就是要尽可能地减少用工数量，以最小的投入换取最大的回报。这样的选择势必会促进高校教学管理信息化建设。

1. 严格遵循设计教学管理信息化平台的原则

首先，教学管理信息化平台的设计师提前给出所需的数据和细节，使平台的建设有一个相对完整的框架。这样做可以为教学管理信息平台设计提供有力的依据。在设计时，设计师应结合当前高校发展的具体情况，不脱离实际，根据具体要求设计学校教学管理信息化平台。其次，平台应该简单，操作方便，避免非常繁杂的页面和复杂的启动程序等。设计师应将提示键设在首页，以便用户找到所需要的信息。这也是保障教学管理信息化平台持续推广的原则。再次，设计师应当明确工作过程。这意味着设计师应遵循具体的操作规范、操作原则。平台板的设计应尽可能满足实际需求，实现渠道一致性和信息完整性，防止信息获得的错误。最后，设计师应当建立有效的信息反馈部分，让用户体验后提出合理的建议和意见，提高教学管理信息化平台的质量。

2.明确教学管理信息化平台的基本组成部分

教学管理信息化平台必须具有以下基本的组成部分：校内资源管理模块、学籍管理模块、教务信息管理模块。其中，校内资源管理模块包括教室资源、精品课程资源及教师资源管理等；学籍管理模块包括已修学分的查询、学籍信息及与学历有关的信息查找；教务信息管理包括课程信息、考试考核、培养计划等。这三大模块除了能保障平台高效运行外，还有助于实现资源的共享，以方便学生和教师获取信息资源。

3.建立高质量的网络维护安全网

网络系统智能化对教学管理信息化平台来说是非常重要的。但对于网络系统来说，其各方面经常会受到威胁，具有可侵害性与不稳定性。因此，对自身安全性的保障应当是教学管理信息化平台的维护重点，应使其尽量少受到外界的干扰。目前的教学管理信息化平台主要是基于校园网建立的。设计者需要运用较强的技术手段，提供一个能及时处理信息和可信度高的平台，同时建立高质量的网络维护安全网，进一步实现信息化平台的不断发展，从而保障信息的安全。

三、促进高校教学管理信息化建设的具体方法

（一）更新教学观念，加大教学管理信息化的建设力度

在改善教学管理信息化的环境方面，老师的想法是非常重要的，而且学生会受到教师的影响。正因为如此，教师应发挥主导作用，勇于使用新的教学方法，敢于尝试新的技能，引导学生逐步适应教育的新形式。此外，学校应还加强宣传高校教学管理信息化理念，继续深化教学管理信息化体制改革，保证信息的安全，加强监督管理教学管理信息化平台，保障平台的正常运行。

（二）建立优质的教学管理体系，不断提高工作效率

高校教学管理信息化是不断发展的，因此，信息管理水平和管理效率是非常重要的。为了进一步适应当前的发展需求，应积极加强部门间的合作。学校的领导也应该建立一个优秀的教学管理团队，提高教学管理信息化水平，增加学校

管理人员培训的机会，使其"走出去"，同时引入更多高端教学模式，鼓励管理者，使其努力提高业务素质、应用现代科学技术的水平和解决问题的能力，促进教学管理信息化的快速发展。

（三）保障教学管理信息化平台的科学性

教学管理信息化平台的建设需要信息资源和信息技术的支持。管理者在平台充分开发设计过程中应结合当前学校的实际情况，做出合理的调整，以提高建设速度。从事开发和设计工作的人员必须是专业团队，同时需要一个人有很强的决策能力，加快整体设计的发展进步。系统投入使用后，管理者应安排专业人员不断地调试和修改，以便更好地提高教学管理信息化平台的智能化和科学化水平，满足用户信息收集、处理、分享和管理等方面的需求，增加平台的使用价值。

（四）建立相关的平台管理制度

建设教学管理信息化平台不光需要专业化团队的管理、各种技术的支持、教学观念的更新，还需要正确的平台管理方式。要快速建立健全高校教学管理平台，管理者就要制订合理的管理规定，以便对教学管理信息化平台进行监督，避免不合规定的情况出现，从而影响平台的应用性。与此同时，良好的管理制度有助于高校内部管理人员及时依据实际状况修改系统，对信息进行更正，以防错误信息影响正常的工作。

第四节 "互联网＋"时代下高校教学管理中的新媒体管理

一、新媒体的界定

事实上，直到现在，人们对新媒体仍然没有明确统一的认识。美国的《连线》杂志将新媒体定义为"所有人对所有人"的传播。清华大学教授熊澄宇认为，新媒体构成的基本要求有别于传统媒体，否则，最多也就是在原来的基础上的变换形式的改进提高。与传统媒体相比，新媒体属于在广播、报纸和电视的基础上开发的新形式。新媒体应用网络技术、数字技术和移动技术等，通过无线和有线网络等渠道，使最终用户在手机、电脑等服务终端上接收到信息。实时式和交互式、超文本和多媒体，共享性和海量性、社群化和个性化等是新媒体特点。

二、高校新媒体教学环境的构建与管理

高校新媒体教学环境主要指多媒体教室。

（一）多媒体教室的构建原则

1. 实用性

实用性是多媒体教室的主要构建目标。只有操作简单、切换自如、效果良好，才能最大限度地发挥设备的作用。

2. 可靠性

系统构建方案的首要设计原则，就是确保设备长期稳定和人机安全等，以便在运行系统中，为用户提供有效的技术手段，从而降低用户的人工与资金成本。

3. 先进性

相关人员在对设备进行选型时应当随技术发展的方向而做出相应的调整，尤其是在对中央的控制软件进行选型时，更要充分体现系统的整体先进性。

4. 扩展性

多媒体教室能否和互联网相连，能否调用教室外教学资源，是判断多媒体教室可扩展性的首要标准。

5. 安全性

考虑到在非教学时间内使用教室设备的安全性问题，相关人员应当按照设备的规格定制操作台并兼顾防盗、防火事宜。

6. 便捷性

多媒体教室设备应可以实现一键关机或是远程操控关机，以方便教师操作。

7. 经济性

实用性是在设备选型和系统设计中最为注重的，但应当相对降低总体投资，让经济性和先进性实现完美统一，使价格比和设备综合性能最优化。同时，一切都要从学校教学管理的实际出发，拒绝一切学校用不到的、华而不实的东西。

（二）多媒体教室的构建

1. 单机型多媒体教室的构建

（1）电子书写屏。

电子书写屏取代显示器，具有黑板传统的书写功能。目前，主要产品有鸿合等，其主要功能有同画面操作、同画面显示、自动布局、文档修改、手写识别、动态显示、后期处理等。使用电子书写屏可以有效避免多媒体教室设备因粉笔灰尘而发生故障，影响设备的使用。同时，可为教师提供清洁的教学环境，有助于教师身心健康。

（2）投影仪。

相关人员应根据多媒体教室的不同尺寸，配置不同对比度、亮度和品牌的液晶投影仪。通常，对比度和亮度越高，投影仪的价格也越高。此外，多媒体教室消耗最多的是投影灯泡，所以相关人员在选择品牌投影仪时，应尽量避免使用难以购买的灯泡，但也要注意保证质量。此外，可使用亮度稳定、寿命长的UHP冷光源灯泡的投影仪。

（3）操作台。

有关人员应根据设备规格科学合理地定制操作台，考虑便利性和防盗性。应用电控锁作为操作台的门锁，通过中央控制器开启、关闭，即开即用，即关即走，对教师来说极为方便。

总而言之，构建单机型多媒体教室应根据多媒体教学的特点采取优化措施，不配置其他不常见或多余的设备，保障整个系统简洁明了，有利于教学和管理。

2. 网络管理型多媒体教室的构建

（1）中控系统。

网络管理型的多媒体教室大多采用网络中央控制系统。该系统有丰富的接口，功能强大。它还具有高集成度的特点，内置网络接口，采用TCP/IP技术，通过校园网之间的互联互通进行远程集中控制。控制方法有三种方法：软件、网络和手动面板。

（2）操作台。

相关人员应根据设备规格合理定制操作台，保证使用方便，满足防盗要求。打开操作台的门锁后，既可以进行本地操作，也可以进行网络远程控制。也就是说，中控系统联动的控制锁也作为操作台的门锁，在多种设备联动后可以达到开即用、关即去的效果，非常方便。

（3）监控点播系统。

管理员可以使用监控系统远程控制教学动态，还可以通过相关的控制软件让教师同步录制课件视频和计算机屏幕内容，从而真正实现中继和即时请求功能。

（三）多媒体教室的管理

1. 管理系统建设

管理系统建设分为多媒体教室课堂教学系统建设和网络管理系统建设。教学管理应该从当前广泛使用的人工安排多媒体教室逐渐过渡到在线预约。根据多媒体教学管理系统的发展情况，采用智能预约方式，可提高多媒体教学的管理效率。

多媒体教室网络管理是指在主控制室控制多媒体教室系统的相关设备，实现设定功能，并实时地与老师沟通，以确保正常的教学秩序。学校教学应该根据实际参数，选择合适的多媒体教学系统。多媒体教室应用网络管理系统，能够更快地反映和解决问题。解决人员不足等难题，实现方便、直接、高效的管理。

2. 技术管理队伍建设

技术管理队伍是多媒体教室建设的骨干力量，对保障多媒体教学正常运行、教育技术与课程整合起着重要作用。因高校各学科教师对多媒体技术掌握程度不一，技术管理队伍的任务不仅仅是建设、管理好多媒体教室，还应根据教师需求承担起多媒体技术培训任务，更好地为教师服务、为教学服务。

学校应逐渐引进高层次和高学历的人才，从而对技术管理队伍原本的知识结构进行改善；同时还要在现有技术人员的基础上，对培训计划进行较为详细的制定，促使他们提升实践技能与业务水平，以适应技术的发展；重视和发挥技术管理队伍的作用，用好人才，积极创造条件，调动人员的工作积极性；加强考核，建立人员考核制度，建设一支业务水平高、富有团结协作精神的技术管理队伍，使其为学校教学科研工作做出积极贡献。总而言之，只有不断优化结构，提高素质，建设高水平管理技术队伍，才能充分发挥现代信息技术的作用。同时，技术管理人员通过构建多媒体教室，在实践中积累经验，有利于更好地为教学服务。

3. 管理方式建设

（1）自助式管理。

自助式管理指教师掌握多媒体技术和设备操作规程后执行的多媒体设备的自我管理。在每学期开学初期，学校应根据教室设备的不同让需要使用多媒体教室的教师分开进行技术培训，并在培训结束后发放相应的资格证书。在培训后一段时间内，学校安排管理人员进行现场跟踪，记录相应教师的操作能力，有针对性地再次进行培训，向能独立操作的教师发放独立操作证书，并对其采取自助式管理措施。教师上课前到规定地点领取相关钥匙即可，由教师自行操作设备开关。自助式管理适用于管理系统相对分散、无法安装或不适合安装管理系统的多媒体教室。该措施的实施可以有效缓解管理者的紧张情绪。当然，这需要相关职能部门的支持。

（2）服务式管理。

对配备了网络管理监控系统的多媒体教室执行服务管理。服务式管理是指教师无需操作设备开关，只要通过网络管理系统在上课前5～10分钟向管理人员确认开启所有多媒体教室教学设备，教师便可直接使用设备。管理人员通过监控系统对设备使用情况进行全程监控，下课后检查设备情况，关闭设备和操作台。这大大提高了使用效率，体现了为教育服务的思想。

　　管理人员在服务式管理和自助式管理过程中都要加强设备管理，加大巡视力度，做好记录，及时了解设备使用情况、投影仪灯泡使用时间，定时还原计算机系统等。

　　多媒体课堂的构建与管理是一门系统工程，管理者要在实践中不断探索，及时沟通，以教学为本，完善管理机制，最大限度地保障多媒体教学的正常进行，促进技术与课程的整合。

第六章 "互联网+"时代下高校行政管理的创新路径探析

第一节 高校行政管理的主要问题

一、我国高校行政管理制度现状

（一）集中且直接的管理制度

在中央和地方之间的关系方面，基本管理方法是中央集中且直接的管理方式。高等教育事业的事务决定权由中央掌握。学校部门设置、机构调整、专业教师调配、转账等事项需要政府与学校一起处理。地方政府在中央决策的指导下工作，并向上级机关负责。

（二）以封闭式管理为主的管理制度

高校是社会的重要组成部分，我们不能孤立地看待它。随着社会的快速发展，高校和社会之间的关系日益密切。高等学校有三个功能，即教育、科学研究和服务功能。高校的人力资源、物质资源、金融资源和工作成果将在社会形成一个反作用力，并通过学校的管理来实现。因此，学校管理的一个重要特征是封闭和开放的辩证统一。但是在很长一段时间内，我国高校与社会、高校与高校之间，在人才培养和人才充分利用的方面沟通和联系不足。高校只关注办学，但社会参与管理水平不高。

（三）以行政管理为主的管理制度

高等教育管理的手段通常有立法、拨款、规划、信息服务、政策指导和行政手段等。近几年，我国管理高等教育的手段主要是行政手段。拨款、政策指导等手段的行政色彩也非常鲜明。

二、我国高校行政管理的主要问题

（一）高校内部问题

我国拥有数目庞大的高等院校。高校内部行政管理体制方面面临的问题很多，总的来看，主要有以下六方面问题。

1. 高校干部的任免制度科学性不足

在很长一段时间里，高校内部没有有效地简化干部任免制度，干部任免制度不科学的问题突出，助长了不正之风，影响了高校的发展。

2. 个别高校的行政部门的效率低

个别高等院校的行政部门的工作效率低，主要是因为个别高等院校在设置机构方面，存在机构重叠的问题；在建立职能结构时，职能配套不完善；在权责体系方面，行政管理的权力和责任不平衡；在人事设置方面，存在人事分离的问题；在领导体制方面，存在领导体制连接和部门协调不畅的问题。

3. 学术权力不够集中

高校在发展过程中，学术权力不够集中，主要是因为高校不够重视自身的学术特点，各种专门的学术委员会在学校管理的事务中不能充分发挥作用，专业学术人员参与决策的机会也不足。

4. 高校管理模式过于单一

我国高校的行政管理模式种类较少。学校内部管理竞争机制不完善，激励机制和责任监督机制的工作效率比较低，管理理念和手段已经不适应时代的发展，市场观念和竞争意识不足。现阶段许多高校行政管理采用的还是几十年前的行政命令管理模式，仍然使用计划经济时期的管理思维。我国许多高校在行政管理干部任命方面，尽管进行了公开选拔和公开任命，但很多职位没有充分发挥其岗位职能；对国有资产的使用效率不高，造成了严重的资源浪费。

5. 评估和考核制度不科学

我国高校的行政管理评估和考核制度不科学这一问题在教师职称的提升方面表现得尤为突出。我国许多高校对研究成果的重视程度超过教学效果，对数量的重视程度超过质量，等等。这些问题对教师的专业人才培养和传授知识功能的发展造成了不利的影响。学校行政事务的审批、评估和监督非常重要。

6. 职工积极性不高

部分高校的收入分配不合理，收入差距大，导致高校职工的工作积极性不高。特别是在"创收"热潮兴起之后，由于各科室、专业与市场之间的联系紧密度不同，社会贡献率、缴费差异等导致教师的收入存在巨大差异，加上高校协调不善，以致教职工的思想出现波动，对正常工作造成了不良影响。

（二）高校外部问题

1. 高校合并未能达到理想效果

各高校合并的方式基本相同，高校进行合并后，未充分借鉴成功经验和成功模式。

高校合并作为一项系统性工作，需要在很多方面进行科学证明。但实际情况是高校合并通常是政府主导，有时没有充分论证高校合并的科学性和合理性，在很大程度上受政策和利益杠杆驱动。例如，一些高校虽然没有达到高校合并的条件，但仍在积极争取合并。

合并后，高校出现了许多新问题。例如，合并后的高校向心力较弱，人事关系难以协调，内部沟通协调滞后，资源配置存在困难，管理难度加大，学校管理滞后，发展受阻。导致这些问题的原因主要有以下三个。

（1）宏观政策缺乏严谨性。

由于国家宏观政策缺乏严谨性，没有强大的控制力，导致高校合并水平参差不齐。在执行政策的实际过程中，有的政府没有深入细致地进行论证工作和考核工作，行政项目实际论证不足，学校意愿性不足，导致合并条件不足的高校在合并后出现了一系列问题。

（2）各高校办学思想难以融合。

对于高校来说，其办学传统是在长期发展过程中积累起来的，因此使其放弃和变化存在一定的难度，重新确立办学思想前需要积累新的办学经验。因此，原高校为了延续自己的办学思想，必然会导致办学思想不可融合的问题。

（3）新旧问题并存。

高校合并后，高校管理人员需要解决原高校的问题和合并后出现的新问题。高校合并后，学校办学规模扩大，校区不集中，给学校行政管理带来困难。在这种情况下，通过设置管理机构、分割管理阶层来实现集中管理的目的也难以实现。高校合并可以促进高校人事制度改革，但在改革过程中同类机构的合并会导致人员配置难题。

2. 高校缺乏办学自主权

这是当前高校在发展过程中遇到的最难的问题，也是必须解决的问题，阻碍了高等教育的发展。我国已制定了若干法律法规以协调政府与高校的关系，明确提出了高等教育体制改革的最终目标，逐步形成了政府宏观管理、学校面向社会自主办学的局面。近年来，高等教育体制改革已经取得了一些成果，但是，高等学校办学自主权的落实仍然存在阻碍。这主要是由以下三个原因造成的。

第一，我国市场发展还不够充分，在高校与政府关系方面受到长时间思维定式的影响。因此，在改革过程中，政府如何发挥作用，高校如何实现自主办学的问题在理论层面和实践层面仍有待解决。这就要求政府有关部门改革集中管理模式下形成的管理观念和管理方式，促进高校办学自主权的落实。第二，在高校改革过程中，由于改革责任和利益变动等问题，一些管理者遵循被动管理的管理模式，缺乏工作的创新性，导致高校办学自主权不能得到有效落实。

3. 缺乏促进教育市场开发的政策

这一问题主要表现在以下两个方面。

一方面，在审批和建设独立二级学院方面，政府没有做出明确的界定和要求，监管程度不高。这就导致了二级学院难以遵循其办学初衷来发展，逐渐沦为赚钱的工具。大量不规范的研究生进修班、不符合资质的培训班等对教学资源进行压缩，导致很多普通高校的正常功能得不到充分发挥。

另一方面，现阶段我国的教育产业化问题得到了教育界和社会各界的广泛关注，一些社会人士呼吁政府对高校的办学模式、办学机制进行改革与完善，提高高等教育的办学能力，促进教育平等，使更多的人拥有接受高等教育和选择高等教育的权利和机会，使人们日益增长的对高等教育的需求得到最大程度的满足，从而提高全民素质。但目前的现实问题是，我国政府部门已经颁布并实施了相关法律法规，而种种原因导致民办教育仍然得不到充分发展。和公办高校相比，民办高校的办学能力还存在着巨大的差距，两者的办学能力不能相提并论。这对我国高等院校的发展会产生直接的影响。

导致以上问题的原因主要有以下几个。第一，高等教育能否实行产业化受到广泛关注，并引发了一系列争议。这个问题至今仍有争议。对于这个问题，政府已经表明了中国不实行高等教育产业化的态度。但几年前的模糊争论和政策空白，使一些高校向教育产业化方向发展。第二，国家个别有关部门监管不到位，高校为实现效益最大化而有意回避。高校在高等教育大发展的时代背景下，受到利益的驱动，充分利用对自己有利的途径和措施得到相关政策的支持，大量兴办学位班、培训班、二级学院，尽量增强自己的经济实力。而且，个别高校完全以经济利益为目标，丝毫没有考虑高校的办学方向和办学性质。这一现象受到社会的广泛关注。为了有效应对这种情况，政府应立即做出判断，立即采取行动，对高校和社会公众进行引导，纠正错误认识。面对高校有意避免政策、制度约束等问题，政府应当详细审查二级学院的办学资质，保证高校办学方向不出现偏差，确保学校在确立发展目标时不会片面追求经济利益，这有利于构建有效的高校教学管理。

4. 高校扩张的硬件条件不足

高校招生规模的扩大、在校生总量的增加，推动了我国高等教育的发展，精英教育向大众化教育转变的速度迅速提高。但在这一过程中也出现了一系列问题。例如，高校的招生人数饱和；高校的教师、图书馆、实验室及学生宿舍等配套人员和设施紧张；高校招生标准下降，生源质量降低；学生的能力和素质各不相同，但高校在教学内容、教学方法上没有做出与之相适应的调整，仍然采用传统的教学模式，教育弹性程度低，教学质量得不到有效提高，高校毕业生饱和，就业压力巨大。

这些问题主要是以下两个原因造成的。

一是中国早已进入大学毕业生就业高峰时期，大学毕业生人数过多，由于经济因素的影响，大学毕业生无法实现充分就业，且高等教育需求大幅上升。教育市场空间非常大，这成为高等学校扩大招生规模的有利条件。在这种情况下，政府经过多方考虑制定了高校扩招政策。在理论上，该政策可以解决当时的许多现实问题。但在政策的实际执行过程中，也出现了不少新问题。二是国家在制定这一政策时，思考的重点是解决就业问题和扩大高等教育规模问题，但在高等学校的实际办学能力、办学条件是否达到了扩大规模的要求的问题上论证不足，这助长了高等学校的盲目扩张问题。三是国家没有建立高校扩招的监督机制。一些高校为提高自身经济效益而盲目扩大招生规模，使高等院校在校生数量大幅增加，但学校的硬件配套设施与之不相适应。

（三）造成这些问题的原因

1. 特殊的历史原因

过去，在计划经济体制下，许多人对于高校行政管理的认识比较单一化和模式化。如很多人认为高等教育属于上层建筑，应由国家包办，不能走产业化的发展之路，因此对其进行改革也不会有很大的力度。这种认识是错误的，错误的认识必将误导行动，使高校行政管理体制改革受到阻碍，这也是高校行政管理体制改革过程中很多问题得不到解决的主要原因。

2. 高校内部领导制度存在缺陷

我国高校内部领导制度存在一定程度的缺陷。如相关政策规定了党委领导下的校长负责制在高校行政管理的实际工作中怎样去落实，但是没有明确规定党委和校长的实际职权范围，于是这两项职权在实际的落实过程中必然会出现一些冲突。

上级政府主管机关拥有高等院校副书记、副校长的任免权，而书记、校长不能参与这一事务，这使得高等院校的校级领导体系中的正职和副职之间呈现出单纯的分工关系，而不是一种领导关系，在制度上可能引发院校领导之间的矛盾，不利于高等学校内部管理效率的提高。

3. 高校行政管理的影响力不足

出于政治、经济和社会管理等多方面的原因，高校行政管理的影响力不足，这对高校行政管理体制改革造成了不小的阻碍。

4. 部分高校只追求自身利益

受教育产业化的影响，部分高等院校没有真正理解教育产业化的含义，只重视开设培训班、二级学院，片面追求经济利益，导致高等院校的发展方向与办学方向背道而驰。

一些高等院校在发展过程中，由于缺乏必要的制度规范和监督管理，没有获得有效的发展，反而挫伤了高校职工的工作积极性，不利于高等院校行政管理改革。

第二节 高校行政管理改革的原因分析

一、外部原因分析

（一）经济方面的要求

1. 市场经济体制的要求

市场经济体制的建立健全要求高等院校的行政管理体制必须进行改革，以与之相适应。在市场经济体制下，多种经济成分共同发展，这对高等院校的办学主体和管理模式造成了影响。

在市场经济体制下，经济主体呈现出多元化的趋势。这种趋势会排斥高度集中的教育决策行为，它要求决策主体明确划分决策权。

市场经济体制的发展促使市场体系不断健全。在"互联网＋"时代下，市场的竞争性、开放性和信息网络性特点，要求高等院校掌握办学的自主权，教育部门有根据地对高等院校进行调控。

2. 人力资本理论的主张

经济学家舒尔茨提出了人力资本理论，认为教育资源是一种人力资本，属于生产性投资。同时，其"教育是全局性的、主导性的基础产业"的说法得到大众的普遍认可。高等教育生产的产品是一种准公共产品，这种准公共产品可以产生非常大的外部效应。高等教育会使接受教育的学生受益，还会使国家和社会获利，这就是高等教育的公益性特点。因此，高等教育不能将盈利作为目的。高等教育会为经济发展和社会进步培养综合型人才，不可能完全由国家财政包办。在市场经济体制下，国家要将高等教育视作特殊性产业，在高等教育领域引进市场机制和企业经营机制。

3. 市场的要求

市场经济的改革推动了高等教育观念的更新与发展。在其推动作用下，政府颁布了一系列与市场经济发展相适应的高等教育政策、法规。这些政策、法规就成为高校与政府关系模式转变的基本依据。

如今，高等教育已经成为促进经济发展和国家进步的重要推动力。在现代社会中，政府对于高等教育对国家和社会的发展产生的影响非常重视，并要求高等教育的发展要和社会经济发展相适应。政府经常通过制定有关政策、颁布法律法规、落实经费资助等方式对高等教育改革与发展的方向进行调整。因此，在高等教育的发展与改革过程中，政府制定相关政策、颁布有关法规的影响非常突出。同时，政府将管理权力适当下放给高等院校，使高等院校拥有一定的办学自主权，有助于其独立地应对市场的发展和变化。

4.经济发展的要求

国民经济的快速发展提高了对高等教育的发展要求，同时也使高等教育的发展拥有了更有利的条件。我国在实行改革开放政策以后，社会主义市场经济体制的基本框架在我国初步建立起来，全面对外开放的格局基本形成，社会经济不断快速发展，国内市场需求持续扩大，综合国力显著上升。经济的发展需要技术和知识的支撑，这就对高等教育的发展提出了更高的要求。另外，经济的发展为我国高等教育的持续发展提供了必要的物质基础，改善了办学条件，使高等教育的发展有了硬件支撑。

（二）高校办学规模扩大的要求

在"互联网＋"时代下，高等学校需要扩大办学规模，也需要更有效率的管理方法和模式与之相适应。管理者应在一定范围内进行管理，划定明确的管理对象。管理范围和管理对象对管理效率有一定的影响。管理范围过大，会降低管理效率，导致管理混乱。现阶段，我国高等院校数量非常多，许多高等院校存在体制性问题，因此管理内容十分烦琐。高等院校发展受市场经济影响较大，如高等院校制度改革、融资渠道。政府管理不能完全把握市场对高等院校的要求，也不能充分满足高等院校的发展需要。由此可见，高校办学规模的扩大也要求高等院校行政管理体制进行改革。

（三）教育大众化和教育收费制度的要求

近年来，受高校扩招的影响，我国高等院校招生人数呈快速增长趋势，高等院校在校生数量不断增加，目前高等院校在校生多为三四万人。高等院校招生实现并轨制后，高等院校的教育费用需要学生承担。这表明，随着高等院校招生规模的扩大，高等教育的发展方向发生了变化，逐步由精英型教育向大众型教育发展。学生主动承担高等教育费用也体现了高等教育市场化的发展趋势。因此，高等教育受到社会公众的广泛关注，高等教育的公平性和公正性、教育的效率和效果成为被关注的主要内容。这就要求高等院校对自身加强管理，提高自己的管理水平和管理效果，充分发挥自身的社会功能，不断提高自身的办学效果，为社会培养高质量的人才。

二、内部原因分析

（一）高校发展的内在需要

我国高等教育正处于发展的关键阶段。高等教育的发展要和外部经济环境和社会发展需求相适应。

在"互联网+"时代下，高等院校的发展受到历史遗留的体制性因素的影响，如现在高等院校的融资渠道主要是国家财政拨款。高等院校在发展过程中需要思考怎样应对新出现的机会和挑战，怎样在管理方法方面进行改革和创新。

高等院校要想获得发展，就需要对传统的行政管理的管理思想、管理方式、管理制度进行改革和创新。高校应学习先进的管理经验，结合高校自身的发展情况进行改革和创新。

（二）落实办学自主权和实现高校内部管理科学化的客观需要

要实现高等院校内部管理科学化的目标，首先要使高等院校的办学自主权得到落实。高等院校拥有办学自主权是实现高等院校内部管理科学化的基础。

高等院校办学自主权是学校能够独立自主地进行人才培养、科学研究和后勤服务的权力。从根本上来看，高等院校办学自主权的问题是政府和高等院校之间的管理权分配的问题。要想使高等院校拥有办学自主权，政府就需要将管理权力下放给高等院校，让高等院校成为独立自主的办学实体。

管理科学化是指高等院校科学合理地配置资源、组织资源和利用资源，以求获得更高的管理效益。组织的生产规模和生产的产品的质量受到其能够使用的资源的质量和数量的影响。组织的综合竞争力和整体实力也会受到其掌握资源的数量和质量的影响。

高等院校的所有工作都需要被管理。有时，管理是否科学对工作结果的成败有直接的影响。在当今社会的发展形势下，高等院校的管理要产生效益，就要落实科学化管理，从而推动高等院校的发展。这就需要高等院校在当今发展趋势下采取的管理模式要与发展环境相适应，并加大改革和创新管理制度的力度。权力和责任之间是相辅相成的关系，因此高等院校在行使其办学自主权的同时，要承担和权力相当的责任。换句话说，在政府将管理权分放给高等院校后，高等院校要充分、科学合理地使用办学自主权。高等院校在获得办学自主权后，需要思考怎样对被动管理的模式进行改革，将其转变为自主管理模式。

第三节 "互联网＋"时代下高校行政管理的改革创新

一、转变观念，深化改革

转变观念是推进高等学校行政管理改革的第一步。在实行计划经济的历史时期，人们的事业观与传统的事业单位管理体制相适应。例如，长期以来，教育、文化等社会活动被认为是"事业"。这些"事业"必须由国家统一管理，岗位职工是干部。"事业"不是生产性的活动，属于上层建筑领域，不能产生价值。这些思想观念是基于传统事业单位管理体制的理论形成的，也体现了一定的社会现实。1978年，中国实行改革开放，人们的传统思想观念开始逐步解放，在一定程度上，这些观念发生了改变。但在更高层次上，事业领域的改革还不够彻底，其根本原因是人们的思想观念还有不正确之处。因此，要推进改革，必须先改变人们的思想观念，为改革扫清障碍。这就要求管理者认真分析高等学校行政管理体制改革的相关理论和成功经验，并在此基础上进行创新，同时加强学术交流和理论宣传，为高等院校行政管理体制改革创造良好的环境和有利的外部条件。此外，管理者需要转变旧的思想观念，树立高等教育管理社会化的思想观念，从理论上打破传统观念，确立高等教育管理社会化的思想观念。在"互联网＋"时代下，高校行政管理工作以提高高校教育管理水平为目标。只有从意识层面认识到变化的必然性和迫切性，才能真正付诸实践。因此，应结合当前互联网发展的现状，在分析高校发展优势的基础上，逐步转变行政管理人员的观念。注重创新，不仅要在实践中落实和改进，还要强调服务的重要性，为师生提供方便的配套服务，保证高校行政管理理念的创新、服务技术手段的更新，为师生提供高效顺畅、方便快捷、精细的管理服务系统。

二、转变高等教育的管理职能

政府需要转变高等教育的管理职能。高等院校行政管理改革要求政府将一些管理权力下放给高等院校，同时要从根本上转变其管理职能。具体来说，政府应该执行以下三个操作。

（1）从传统的直接行政管理的管理方式转变为采用规划、法律、经济、评估、信息服务等方法对高等院校进行宏观管理。

（2）从传统的在管理模式运行过程中对高等学校日常事务进行直接管理转变为在宏观层面上对高等院校经营管理的目标和发展方向进行管理。

（3）从传统的只利用政府行政部门管理职能转变为充分发挥社会学术组织、研究机构等中介组织的管理作用。

三、用法制来保证改革创新

高校行政管理改革创新需要法律的保障。

政府从传统的对高等院校进行直接的行政管理转变为对高等院校进行间接性的宏观管理的过程牵涉责任、权力和利益，故要求对其管理手段和管理方式进行革新。

受到特定历史时期中计划经济体制的影响，政府的行政管理部门常常使用计划手段，如行政审批对教育事业进行直接管理。此外，造成这一现象的原因还有思想观念、行为习惯和利益分配等。这关系到市场经济条件下政府行为的法律规范问题。

法律会为政府行使其职能提供依据和保障，又会对政府的行为进行制约。法律能够明确地划分政府的职能，使政府在发挥管理职能时遵守一定的规则。即在市场能调节的领域，政府要发挥规范市场运作的职能，使市场的调节作用得到充分发挥；在市场不能调节的领域，政府要采取行政手段进行必要的干预。

同时，《国家中长期教育改革和发展规划纲要（2010—2020年）》提出"推进政校分开、管办分离""取消实际存在的行政级别和行政化管理模式"。在科研、教学、师资队伍建设和管理等方面，要参照相关教师的意见，赋予其更多的管理及决策权，造就尊重知识、尊重学术自由的行政管理文化。在重点抓好校部机关改革的基础上，加强院系一级管理队伍的建设，增强该层次的管理力度，使管理中心下移后能够正常运转。体制、机制是确保工作顺利开展的制度支持。只有制度严明科学，才能进一步促进行政管理工作的落实。高校必须解决当前困扰其发展的制度因素，结合上级政府的政策安排，从现有发展实际出发，逐步完善当前的高校行政管理体制，为互联网融入高校行政管理工作提供指导，促进高校管理工作水平的全方位提升，为教学工作的开展提供一定的指导和参考，进而从整体上为高校的发展提供更多的有效措施。具体来说，高校可采取以下措施。一是构建事中事后监管体系。各高校需制定有关事项的具体管理办法或实施细则，有关部门通过抽查、督导、巡视、第三方评估等方式，检查高校是否按照制定的管理制度或实施办法开展有关工作。二是营造良好改革环境。简化和优化服务流程，精简和规范办事程序，推动公共服务事项网上办理，改进服务质量。总而言之，一方面，高校应当审视当前的制度体系，保留现有制度中比较合理的部分，既考虑互联网技术发展的实际状况，又衡量行政管理的特殊性，在此基础上制定科学的管理体系。另一方面，高校应以当前高校行政管理工作中存在的问题为出发点，寻求对应的解决措施，对现有的制度进行创新，同时加强落实和执行，通过方方面面的努力形成合力。

四、政府加强宏观管理

政府加强宏观管理在政府与高等院校关系方面的具体表现是，政府方面从对高等院校采取直接的行政管理转变为对高等院校采取间接的宏观管理，使高等学校拥有办学自主权。政府加强宏观管理政府与市场关系的具体表现是，政府制定和执行市场准入和市场运行准则，对市场进行规范和约束，保证市场能够充分发挥对教育的适度调节作用。政府应运用市场机制对高等学校进行宏观管理，并在这一过程中坚持公平与效率原则，以求获得最大收益。目前，中国存在教育资源分配不公的问题，这要求政府做到以下两点：一是政府在分配教育资源时要坚持公平原则和效率原则，即在公平分配教育资源的情况下重点发展高效优质教育，但要提供公平竞争的环境，建立公平竞争机制。二是政府要建立和完善政府和社会的资助制度，运用助学金等方式为物质条件差的学生提供平等的教育机会。由于我国国土辽阔、地区差异大、人口众多，城乡之间、区域之间在教育水平、教育条件、教育机会方面存在较大的差异。发展农村教育，提高农村教育质量，使农民子弟能够平等享受上高等院校学习的机会，是我国亟待解决的重要教育问题。

五、政府和高校共同解决扩招问题

高等院校的扩招带来了一些问题。这些问题需要政府和高等院校共同解决。

（一）宏观层面

政府要在宏观层面上充分发挥服务和监督职能，要对高校扩招进行论证，制定针对参与扩招的高校的评估体系，对申请扩招的高等院校进行严格审查。同时，要在高等教育发展规律的指导下，对高等院校扩招的人数、时间进行调整和把控，在政策方面防止高等院校跟风扩招。

（二）微观层面

高等院校要在微观层面明确自身的教学情况、场地、硬件设施、师资队伍等的定位，根据学校的实际情况进行规划，追求长远的发展。

六、政府和高校共同解决合并问题

政府应对各方面关系进行协调，运用行政手段对高校进行管理。大学与大学之间不能盲目合并，要根据每个大学自身的实际情况做出严密的论证。政府要用政策引导高校，用科学的评价方法完成工作。就高等院校而言，首先，要明确认识高等院校合并的难度，引导教职工参与合并。其次，要坚持兼容与包含的原则，重新树立学校办学理念，保留客体大学的优势，同时纳入主体大学的先进思想，使办学战略与办学目标完全一致。再次，高等院校行政管理要实行集中管理下适度分权的管理模式。在实际工作中可以实行学校统一管理、学校和学院分级管理的模式。在该模式中，校级管理处于主导地位，主要负责宏观层面的管理，如制定学校教育计划、确定学校发展方向、对学校各部门之间的关系进行协调；学院层面主要负责微观层面的管理。最后，高等院校合并后，要根据学校的发展规划，融合现有学科和专业，在各学科之间相互渗透、相互补充，进而实现各学科的良性发展。总之，在我国高等院校行政管理改革过程中，政府部门需要进行宏观管理，引导高等院校解决合并问题，积极开创创新的改革模式；高等院校也要充分发挥自己的潜力，提高教学质量。

七、建立科学、合理、公正的评估体系

高等院校需要建立科学、合理、公正的评价体系，这有助于促进高等院校的发展。在科学、合理、公正的评价体系下，高等院校可以对学校开展的各项工作进行准确的评价，制定科学合理的分配制度，从而提高教职工工作的积极性。在构建科学、合理、公正的评价体系的过程中，高等院校不仅要结合我国的发展实际，还要学习先进的评价经验，将社会化的评价机构和评价制度引入高等院校评价体系，构建更好的评价体系。

八、改革高校内部的行政管理体制

（一）明确划分权责，遵循发展规律

高等院校内部管理体制改革要求管理者在实际工作中明确划分权力和责任，

遵循教育教学的规律和科学研究的规律。

（二）树立经营学校的观念

所有改革活动都需要有观念作为指导。在社会不断发展、不断创新、不断改革的时代洪流中，高等院校要对自己的办学理念和管理理念进行调整和更新，顺应时代发展方向，学习和吸收先进的管理理念和管理经验，提升自己的管理水平。

在现代社会中，高等院校和社会之间的联系越来越密切，高等院校社会化的进程不断加快。高等院校投融资渠道的拓宽、社会化办学的影响、高等教育的进步和发展等都要求高等院校要在教育发展规律和市场发展规律的指导下进行管理，增强办学实力。

（三）加强对管理职能和范围的调整

高等院校传统行政管理的内容过多，过于复杂。在"互联网＋"时代下，新科技既影响社会各个方面，又直接参与教育活动，已经成为社会生活的重要组成部分。新科技的重要经济价值不仅可以通过掌握新科技的劳动者来体现，而且体现在向财富的直接转变上。例如，国家机关、企业团体等在高等院校中利用其知识和技术建立研究中心、科技园、高新技术企业。这些因素使高等院校行政管理更加复杂，管理的内容也更加丰富。在这种形势下，高等院校需要对自己的行政管理职能和管理范围进行必要的调整，明确自己的管理职权和管理范围，推动行政管理改革创新，提高管理效率和管理效果，促进高等院校发展。

九、加强信息基础设施建设、培养信息建设的专业人才

高校行政管理的改革创新，除了要从自身体系出发，还应该从高校信息基础设施角度出发，尽可能地为互联网技术的引进提供科学的环境[①]。一方面，高校内部要有校内专用的网络平台，为全校教职员工和学生的交流提供渠道。建立师生间的有效联系，更有利于人才的培养。保证行政管理工作科学有效，能够充分尊重个人的意愿，保护师生的隐私和信息安全。另一方面，要建立一定的校外联系平台。高校之间的相互合作也是高校发展的重要环节。高校间应该加强沟通与交

---

①丁旭."互联网＋"高校校园文化建设新路径探索与实践：以广东行政职业学院为例[J].教育信息技术，2021（4）：65-67.

流，互相学习，做到优势互补，促进高校行政管理工作的正常推进和发展。

而在人才方面，高校在加强行政管理过程中必须重视信息化人才的培养和使用，从人才角度出发，将人才对高校建设发展的重要性提升到一定高度。现有的行政管理人员必须对行政管理及互联网技术有一个系统且深入的认识和了解，使实际工作更有针对性①。

总而言之，高校要投入资金支持互联网人才的培养，并建立有效的校内、校外互联网平台，逐步扩大互联网在高校行政管理工作中的应用范围；积极引进人才，对高校互联网系统进行有效开发，同时对有关管理人员进行实践培训，让其了解网络的工作原理及具体作用，有利于他们在实际管理中解决具体难题，为高校行政管理工作的科学化、智能化提供保障；在行政系统内建立规范的岗位聘任制度，并制定相应的工作规范要求，既要有培训学习网络知识的要求，又要有工作量化的考核方案。

十、基于互联网实现行政管理模式创新

高校当前行政管理工作问题重重，亟待改革创新。高校应结合互联网思维进行一定的改进，既要从制度层面考虑，又要从人才角度出发，进而实现高校行政管理水平的稳步提高。一方面，行政管理制度要融入互联网相关内容，改革传统单一、僵化的管理方式，把更多资金花在需要的地方，促进高校持续健康发展。另一方面，从人员角度出发，逐步转变当前行政管理人员的思想，不断更新员工的工作方式，并且邀请相关专业人员进行培训和指导，以行政管理模式的创新推动高校其他工作的发展，为高校创新发展提供新的潜力。

在"互联网＋"时代下，应积极推进高校公共服务事项网上处理进度，提高办事效率。随着社会的发展，高校行政管理工作内容也发生了很大的变化，许多程序、规范、方式、内容已经不适应当前高校发展的实际。因此，高校应加强行政管理科学化建设。一方面，应采用科学的管理模式提高管理水平。合理安排人员，因事设岗，因事设人。另一方面，应采用专业的评价制度。建立和执行激励机制，根据行政管理活动的特性制定合理的考核标准，借助物质层面和精神层面的奖励激发员工的积极性，提高管理者的参与度。

---

① 王雨朦."互联网＋"时代高校行政管理完善[J].数码世界，2020（12）：211-212.

第七章 『互联网+』时代下高校学生管理的创新路径探析

第一节 "互联网＋"时代下高校学生管理的主要问题

随着我国高校教育进入一个高速发展时期，高校学生管理工作也相应地进入新阶段，面临新问题。传统的高校管理方式已经不能适应时代的变化，学生管理工作中的突出矛盾长期存在。

一、学生管理观念落后

首先，思想认识不统一。许多高校加大招生力度，但对学生管理工作缺乏统一认识，普遍存在不重视学生管理工作的现象。班主任和教学辅导员对学生管理重要性认识不足，一般只完成课堂教学或自己管辖的工作，认为学生管理只是学生工作处、团委、辅导员等几个职能部门和特定的人的事情，全员育人的理念并没有形成。其次，学生管理工作时效性差。随着学校制度的完善，学生管理工作者的任务也在不断变多，似乎什么都管，每天都需要处理很多行政性的事物，而辅导员、班主任又是与学生最接近的人，几乎所有的工作都聚集在班主任、辅导员手中，但他们疲于应对，没有时间研究学生管理规律，在工作中缺乏指导性，未能深入学生思想。行政式、家长式管理方式，对学生批评多、鼓励少、工作多、认可少，不善于运用电子邮件、微信、博客等现代化方式与学生交流，使学生不能理解或敌视管理者。这样必然导致学生产生对抗心理，增加学生管理工作的难度，影响管理的时效性。再次，管理体制不合理。在学生管理中，存在管理水平不高、职责不清、管理权限未下移等问题。学生处、团委和招生就业处为学生管理工作提供宏观指导，但未将管理职责和权力彻底交还系院，在工作上经常采取直接处理的方式，使辅导员、班主任、学生干部在工作中措手不及。

二、学生管理工作队伍不稳定

时至今日，教育事业人员体制改革基本完成，高校中学生管理者的性质也发生了很大变化。首先，学生管理工作是学校中最烦琐、最累的工作，有多少学生，就有多少问题可能发生。由于高校学生心理相对不成熟，学生管理者在工作中总是处于神经高度紧张的状态，而且需要有很好的体力来处理学生的各种问题。于是，高校各级学生工作管理者相对于同一层的管理者来说，往往由较年轻的人担任。但随着年龄的增长，当相对年轻的管理者不再年轻时，他们会转到其他职位，新的年轻管理者会"继承"原来的位置。其次，在传统的大学教育中，辅导员和班主任基本上都是国家事业编制人员，但由于教育改革中人员编制缩减和高校扩招等，我国高校的编制几乎全部用于专业教师的招聘，其他学生管理人员与岗位签订的用工合同一般为一年一签。这样的结果是，很多辅导员在做学生管理工作时，把学生管理工作作为一个临时工作，重在工作经验的积累，一方面，他们无法用心地对待现在的学生管理工作，另一方面，他们大部分人忙于自身的职称评级，没有把学生管理作为一项事业，不动脑，不用心。因此，高校学生管理队伍总是处于不稳定状态，队伍建设难度很大。

第二节 "互联网＋"时代下高校学生管理的思想创新

我国现阶段的高等教育已经从原来的精英教育迅速转化为大众化教育，受教育者的求学情况、知识基础与以往相比发生了很大的改变。政治辅导员和班主任要指导学生正确面对"互联网＋"时代下的求学、择业压力，引导学生规划人生，培养学生宽广的胸怀和健全的人格，努力把德育渗透到学生成才的全过程，要主动用管理育人，提高工作效率和工作水平，创造更好的育人环境和氛围。高校应在学生管理方面积极融入开放性思想。

一、建立优秀的管理团队和制度

学校高层领导要提高对学生管理工作的重视程度，加强认识，努力培养素质高、能力强、经验丰富的学生管理工作者，经常组织和开展各分校、教育点对学生管理工作者的专业培训，邀请专家开展讲座，全面提高学生管理工作者的素质。通过各种方式组织和开展学校与学校之间的学生管理工作交流，让学生管理工作中的优秀管理者讲解和传授管理经验，以达到共同提高、共同进步的目的。

高校要加强制度建设，以学校总部为载体打开全校性学生管理活动特别窗口，广泛讨论和发布管理体会，撰写全校性学生管理专刊，组织系统内投稿，将学生管理活动置于真实场所中。学校要建立指导教师引进、培养、考核、交流的一套制度。完善导入程序，严管入口，努力引进有能力、责任心强的指导教师。建立严格的指导教师培训、考核制度。指导教师要深入把握以现代计算机网络为主的多媒体现代远程教育技术，熟练运用多媒体技术获得教学资源，与指导教师合作进行教学资源整合，组织学生开展网上答疑、BBS讨论、双向视频等网上教学活动，利用QQ群、E-mail等与学生进行日常的沟通。

此外，高校还应完善指导师资流动规划，打破原有指导师资队伍建设的封闭体系，激活用人机制，拓展指导师资出口，加强指导师资交流提拔力度，解决指导师资后顾之忧。其中，最主要的是更新观念，特别是更新领导观念，全面提高领导教师的综合素质。指导教师工作一段时间后积累了一定的工作经验，能够认识到自己的不足。如果学校能够制定完善的培训机制，给予他们更多的培训、学习机会，无论对学校还是指导教师都是双赢的。加强指导教师之间的沟通与交流，不断提高指导教师的业务能力，能够有效帮助指导教师在工作中发挥应有的作用，提高学生的培养质量。

二、注重培养优秀的学生干部

高校应注重培养优秀学生干部，优秀的学生干部能使学生群体向好的方向发展，同时也能为老师减轻教育负担。学生干部在帮助老师做好管理工作的过程中，可以提高自己的能力，把自己学到的东西很好地应用到实践中，积累实践经验。高校在选择培养学生干部时，必须一视同仁，以人为本，从大局考虑培养学生干部的问题，广泛听取学生、教师的意见，民主选举学生干部。老师要知人善任，任人唯贤。用人不疑，疑人不用。

高校在任用学生干部时，要信任和尊重他们，充分发挥他们的个人能力和魅力。学生干部队伍要真正起到先锋模范的作用，真正起到战斗堡垒的作用。学校要健全团支部、学生会组织，主动使学生组织成为学校与师生沟通的桥梁。高校要通过民主推荐、个人选举，产生学生干部阵容，再结合学生的生理和心理特征，通过学生干部开展广泛的思想交流。

三、通过营造校园文化氛围引导学生的学习和发展

前几年，高校学生以参加远程教育为主，部分学生有着强烈的孤独感，他们渴望交流，希望有丰富的校园生活，感受来自同学的支持与友谊。学校应主动提供学生开展情感交流、培养兴趣和寻求帮助的平台，促进学生之间的交流沟通，传承成长经验，解答学生疑惑，传递关怀，培养同学间的友谊，消除学生的孤独感，增强学生对开放大学的身份认同感、归属感，营造积极向上的校园文化氛围，促进学生的发展。例如，高校可经常性地开展校区、班级之间的各种活动，吸引学生积极参与和交流。

第三节 "互联网＋"时代下高校学生管理的理念创新

一、高校学生管理理念创新的重要意义

（一）学生管理理念创新是新形势下做好学生管理工作的首要条件和客观要求

随着改革开放的深化和市场经济的发展，学生进入更广阔的交流空间，逐渐接触到不同的思想、文化，社会上的各种思想和价值观不可避免地对当代大学生产生了很大的影响，这也给学生管理带来了新的挑战。2004年8月，中共中央、国务院发布了《关于进一步加强和改进大学生思想政治教育的意见》（简称16号文件）。2017年2月，教育部颁布了《普通高等学校学生管理规定》。一系列的文件针对现状提出了更高的新的学生要求，但是我国高校学生管理现状还未达到该要求，突出表现在许多学生管理人员仍然遵循传统的单一模式和思维习惯，坚持原有的以学校和教师为中心、忽视学生主体性的管理模式，使学生管理创新困难重重。

（二）学生管理理念创新是高校实施素质教育的内在要求

1999年6月，中共中央、国务院下发了《关于深化教育改革 全面推进素质教育的决定》，素质教育一时间成为当时占主流地位的教育观。与传统教育相比，素质教育是一种新型的教育理念，其目的是促进学生内在的本质能力的发展，从根本上讲，就是要积极创造条件让学生的个性和综合素质能够充分自由、全面、主动、和谐地发展。素质教育的提出使学生管理面临着新的机遇和挑战，突出表现在如何解决学生个性发展需要与社会发展需要、一致性与多样性之间的矛盾上[1]。这两对矛盾解决好了，将使学生管理适应社会经济发展的需要，极大地提高学生的综合素质；相反，学生管理则会因无法适应社会而降低工作的效能。

---

[1]任顺元.素质教育论[M].杭州：杭州大学出版社，1998，156.

（三）学生管理理念创新是新形势下做好学生管理工作的逻辑起点和必要前提

当前的高等教育已由精英教育发展为大众化教育，高校学生管理要由共性管理向个性管理转化，则要将以人为本思想渗透到学生管理中。在新的历史条件下，大学生的思想和行为呈多元化发展趋势，学生个性差异变大，原本单一的学生管理模式已无法达到预期的效果。因此，21世纪的高校学生管理首先必须对管理理念进行创新，并把这种理念创新当作高等教育大众化条件下，学校管理工作的逻辑起点和必要前提。

二、高校学生管理理念创新的基本原则

从全国高校来看，高校学生管理不断调整和改进，这是现代高校学生管理工作面对的环境的复杂性和工作内容、手段的多样性决定的。分析近年来不同高校学生管理的探索与实践，从不断提高高校学生管理实效性的目的出发，笔者认为在高校学生管理理念创新中，应把握以下六个基本原则。

（一）统一性原则

高校学生管理工作的基础是构建科学的思想政治教育管理组织体系，合理确定管理水平和管理跨度，科学分配管理权限，正确处理集权与分权的关系，处理好直线职权、参谋职权与职能职权的关系，处理好个人管理与集体管理的关系。在高校学生管理工作理念创新中坚持统一性原则，是组织管理工作的根本要求，也是高校学生管理的政治性决定的。列宁曾经指出，在教育工作的整个方针方面，要反对教育脱离政治的旧观点，不能让教育工作不联系政治。因此，在学生管理中，我们必须在组织领导和管理方式上始终把引导大学生确立献身中国特色社会主义事业的政治信念放在首位，坚持社会主义办学方向，这是中国高等教育的性质和任务决定的，也是中国改革开放和社会主义精神文明建设对学校思想政治教育的本质要求。

（二）开放性原则

只有开放的体系才可能走向有序，封闭的体系只能走向无序。一个国家、一个家庭、一个人只有不断地与外界交换能量、物质和信息，才能取得进步和发展。同样，高校学生管理只有与外部保持全方位的联系，拓宽各种渠道，多形

式、多层次、多方位地获取信息、掌握信息，才能进一步提高思想政治教育的实效。这客观上要求高校学生管理在管理体制创新方面必须坚持开放性原则。具体来说，一是坚持纵向衔接，即把握高校学生管理的现状与历史、未来的衔接。二是坚持横向衔接。把高校学生管理作为一门学问，综合运用管理学、教育学、伦理学、社会学、青年学、心理学等相关学科知识，吸收利用其他学科的最新研究成果提高思想政治教育的有效性，推动高校学生管理理念创新。同时，横向衔接还包括加强校际合作，通过互访、参观、会议讨论等方式，及时接收和反馈兄弟院校关于学生管理的信息，不断完善自己的管理体制，逐步形成自己的特色高校学生管理模式。

（三）合作性原则

高校学生管理工作是一个大系统，是在学校党委统一领导下，学校行政部门、教育部门、基层党团组织、后勤服务部门等相互配合的过程。各部门不仅有明确的职能划分，也有围绕共同目标，相互协调、加强合作、共同管理的需求。因此，高校学生管理的开展不能孤立地进行，不能与学校其他教育、教学活动相分离，也不能与其他部门、其他系统相分离。由此，我们在高校学生管理中，要牢固树立系统观点，遵循合作性原则，在加强部门间合作的同时，加强师生之间、同学之间的讨论、交流、合作。

（四）民主性原则

高等院校的总体目标是培养合格的社会主义事业建设者和接班人。高校学生管理的一切工作都必须遵循高等院校的总体目标，把育人作为工作的重要目标，根据大学生们的思想、心理特点，营造良好的氛围，采取有效的育人方法。因此，在学生管理中，高校要充分贯彻民主性原则，逐步改变消极被动的管理方式，切实形成大学生参与学生管理的积极主动的管理方式，逐步形成有助于解放和培养大学生创新能力的学生管理体制，促进大学生素质的全面提高。具体而言，在高校学生管理体制设计中，应体现以下两个方面的要求。一是要促进主体参与，以大学生自觉性为出发点和落脚点，使大学生真正主动参与、全面参与、全程参与。二是要体现大学生的个性特征，在组织设计和制度安排上平等地尊重每一个大学生，让每一个大学生的身心自由表达、舒展，充分挖掘每一个人的创新潜能。

（五）层次性原则

根据现代系统论原理，任意系统都不是孤立的，而是多层次的有机整体。

每个系统都是高一级系统的元素，每个系统的组成部分通常都是较低一级的子系统。高校学生管理是集体的活动，在工作中要体现层次性原则，构建政令统一、层次管理、分工责任的科学管理体系，确保高校学生管理机制正确有效运行。

（六）适应性原则

夸美纽斯强调教育必须依据人的自然本性、年龄特征进行。即学生管理应体现适应性原则。在现代复杂多变的社会条件下，大学生思想十分活跃，既可能接受积极思想的影响，也不能避免消极思想的影响。因此，高校学生管理的设计，也要研究和适应环境的变化和工作任务的特点，及时进行科学的调整，不断适应新情况、解决新问题，着力建设能够高效运作的高校学生管理组织体系。

三、高校学生管理理念创新的内容

（一）坚持以人为本的理念

以人为本就是一切要从人出发，尊重人。从管理模式的发展来看，以人为本的管理模式是高校学生管理的必然选择。高校管理模式的对象是大学生，大学生占据主体地位，所以要充分调动大学生的积极性和主动性，让学生广泛地参与其中，这有助于高校开展学生管理工作。学校在管理过程中，要充分尊重学生，维护他们的尊严，注重对他们个人能力、兴趣的培养。高校学生管理以人为本的目的是实现人才的可持续培养和发展，为社会贡献力量。

高校以前的管理模式是以实现经济利益为前提的，现在的管理模式注重人的全面发展，对人的全面发展进行投资。在大学生与高校的利益冲突时，高校要坚持以人为本的发展模式，关注学生的利益。在这个过程中，高校并不是一定要放弃组织的目标，而是要把人的目标融入组织的目标中，也就是人的目标是组织目标的一部分。以学生的需要为根本，就是要求高校在学生管理中，把教育对象也就是大学生的利益放在第一位，全心全意地为学生服务。高校树立以人为本的管理理念，在无形中会对学生产生影响，营造为学生服务的良好氛围。高校管理的各个层面，从行政管理到后勤服务都要落实理念革新、工作创新、观念转变。高校应转变过去的那种以教育者为主的管理模式，变为以学生为主的以人为本的管理模式。

学校的管理和教育等一切工作的出发点都要以大学生为中心，以促进发展大学生各方面的能力为目的，全面塑造德、智、体、美全面发展的学生。

1. 落实以人为本的学生管理模式的必然性

高校是为国家和社会培养人才的主要阵地，肩负着为国家培养建设者和接班人的使命。现行高校学生管理制度中很多种管理方式存在弊端。例如，现行学生管理模式的目标抽象化、形式僵化，但以人为本的人性化管理模式克服了这一弊端。大学的学生管理工作和其他工作一样，追求的目标都是培养人才。所以，以人为本的学生管理模式适应了时代的需要。人性化管理模式以德服人，以情感服人。该模式可以提高管理的效率。以人为本的管理模式充分重视人的全面发展和自我能力的实现，尊重被管理者的才能和尊严，使被管理者在精神上得到满足，可以调动他们的积极性，促使他们全身心投入学习和工作，提高管理的效果。以人为本的管理模式注重情、理、法三者的统一，也就是教育的人性化。大学要采用以人为本的管理模式，以学生为中心，尊重每个人的需要，尊重每个人的能力，尊重每个人的情绪。这些都是学生管理工作者必须考虑的问题。

高校是为国家和社会培养栋梁人才的基地，在培养人才的过程中，要充分调动人才的积极性，两者合作才能达到最终目标。要为学生营造轻松愉快的氛围，激发创造性和创新性，学校就必须采取以人为本的管理模式。第一，要改变教育观念。树立先进的人才观念，不能苛责人才，任用人才不拘形式，培养人才着眼于未来发展的需要。第二，学校在管理过程中，要提高管理者的素质，聘用具有人格魅力的管理者。从目前的情况来看，许多学生不能接受学校现行的学生管理模式。这说明现行学生管理模式已不能适应时代发展，高校必须改变。随着我国高校扩招，招生规模越来越大，高校更应重视培养学生个性和激发学生创新能力。高校要抓住学生这一根本，转变高校教育理念，提高师资队伍素质。以人为本的学生管理模式，对管理者提出了更高的要求。学生与教师的共同发展，可以促进学校人才培养目标的实现，这是许多学校共同追求的目标。所以，以人为本的学生管理模式是我国高校的必然选择。

2. 构建以人为本的学生管理模式

高校要构建以人为本的学生管理模式，应从以下三方面着手。

第一，高校应提高对学生的认识。高校学生管理工作的管理对象是学生，重点也在于学生。不管是学校目标的制定，还是教学方式及任务的确定，都要以大学生为中心。高校要加深对学生的了解，提高对其本质的认识，洞察学生在发展中面临的难题。任何一名学生都是独立的个体，都与社会有着千丝万缕的联系，不可能孤立地存在。所以，在管理的过程中，高校要提高对学生的认识，了解学生对教育环境的感受，帮助学生明确自己的定位。如果不能做到对学生深入了解，洞察学生的需要，高校的学生管理就是无本之木。高校必须全面了解学生，考虑他们的各种状况，重视他们在管理中的作用，才能提高高校学生管理的效率。

第二，营造以人为本的校园文化环境。校园文化环境是指学生生存于其中、受其影响的所有外部因素之和，分为校园物质环境和精神环境。具体如图7-1所示。

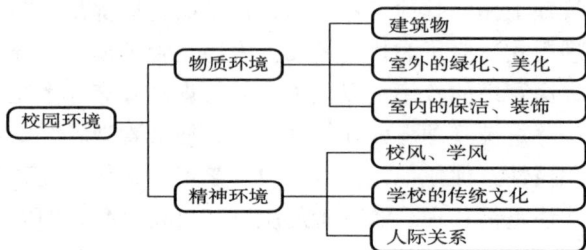

图 7-1　校园文化环境

人才的培养是在特定的环境中进行的，所以环境对于人才的培养具有十分重要的意义。环境可以塑造人，也可以对人产生不利的影响，而人反过来也会影响环境、改变环境、塑造环境，因此，进行人才培养，就要使环境和教育协调统一。就高校而言，学校的文化环境对人才培养有着不可低估的作用和意义。

第三，一切以学生为中心，一切从学生出发，提高学生自我管理的积极性。高校要做到以下两点：一方面，确保学生在学校的主体地位，尊重、爱护学生，使他们拥有自主权，激发他们的热情和创造力；另一方面，对学生负责，为学生服务，积极促进学生的"自我管理、自我教育、自我约束、自我服务、自我发展"等。

3. 管理过程中出现的偏差

我们的教育理念虽然是正确的，但在实施过程中也不可避免地会出现问题。在教育学生的过程中，教师时常忽略学生的位置，缺乏互动性，这就需要教师激发学生的主动性，使其主动学习。教师要重视启发引导，避免单一的知识注入。教师要避免填鸭式教学，使学生有足够的思考和理解，全面地掌握知识。教师不能不给学生思考的时间，让他们只能被动地接受。这样做，学生就没有把知识点转化成自己的知识，学到的也只是表面知识。有句话是这么说的，大学生毕业后还能记住的知识才是他在学校里学到的。但是，大学生毕业后记住的知识有多少？如果他们所学的知识没有被内化，没有成为自己思维构成的一部分，这门知识就不会被真正学到。学生的主观能动性被忽视，失去了理解、互动、判断的内化过程，这样的大学生就失去了独立思考判断的能力，他们进入社会后可能会目瞪口呆和不知所措。"我不知道自己以后的路该怎么走。""我不知道该如何适应这个社会。"学生不仅要在课堂上认真学习课堂知识，在课堂之外也需要提高自己的动手能力。仅仅掌握课堂知识而没有课外动手能力的大学生，也是不合格的。学生在校期间除了学习课本知识外，还应注重提高自己的社交能力和实践能力。只有这样，才能满足社会发展对人才的需求。

（二）提升教育服务理念

1. 教育服务理念为高校学生管理改革提供内部驱动力

中国高校的教育服务理念是培养合格人才，并在此基础上塑造人、改造人。但如何实施和落实这一教育理念，需要我们深思。长期以来，人们一直受到片面理念的指导，高校将学生视为商品进行加工，教学理念也相对僵化。这使我们无法深入了解教育与社会和个人的关系，教育成了无本之树，缺乏理论和政策指导。树立正确的高校教育服务理念，有助于增强高校的责任感和竞争意识，更加关注社会需求，更好地为社会培养人才。树立高校教育服务理念，有助于推动高校与时俱进的改革，有助于高校准确把握市场走势，有助于高校提高服务质量。高校进行学生管理改革的动力是，管理者认识到改革势在必行，也承认改革的效果。只要高校管理者认为高校有改革的需要，就有改革的动力。

高校管理人员要树立高校教育服务理念，就要实现以下三个目标：一是有期待形成成熟的教育服务理念的自觉性。二是提高服务意识，改变对学生的态度，激发学生的创造力和能动力。三是认识到传统管理模式存在的问题，主动进行改革。树立高校教育服务理念是从服务对象出发，目的是服务于学生的成长。服务对象是高校教育服务理念的出发点和落脚点，将服务对象即学生的满意度纳入学校学生管理的绩效考核指标，有助于对高校学生管理客观评价，找出不足，予以纠正。在新观念、新方法的指导下，努力改变学生对高校学生管理的态度，使师生之间形成良性互动，能为高校学生管理改革提供内部驱动力。

2. 教育服务理念为高校学生管理提出新的目标

传统教育理念培养人一般只要求听话，而不够注重独立思考能力。教师培养学生曾追求"齐步走""整齐划一"，对学生个体之间的差异和个体特征重视程度不够，因而培养出来的学生往往缺乏创新思维，很难适应时代发展的需要。

学生是共性和个性的统一。共性指学生的群体属性，个性则指学生的个体属性。处于同一年龄阶段的学生，由于他们生命过程和生活经历的相似性，他们的身心发展在同一规律支配下，表现出某些相同或相似的属性和特征，即共性。但这些共性只是相对而言的，由于个体间遗传因子、家庭背景、社会环境及受教育程度的差异，学生的身心发展无论是在内容上，还是在水平上都是千差万别的，学生的性格、兴趣、智力、能力不完全相同，即具有个别差异。这种个别差异是绝对的，是不以人的意志为转移的。这是学生管理必须面对的事实。

树立高等教育服务理念，还能够让我们意识到高等教育服务的生产者是教育工作者，他们通过消耗智力和体力生产出符合不同教育对象需求的、具有多方面性能的教育服务，处在生产领域；学生则是高等教育的消费者，处在消费领域。这种理念为高校学生管理实践提出了新的目标。作为提供教育服务的教育者，在学生管理中应以学生为本，尽量满足学生的需求。不同的学生有不同的需求，同一学生不同时期的需求层次也不尽相同，需求的多样化决定了教师工作的复杂程度。

3.教育服务理念为高校学生管理创造新型师生关系

传统的教育理念认为，学生是教育的客体，教师是教育的主体。受这种教育理念的影响，在过去的高校学生管理中，师生之间是管理者与被管理者的、指挥与服从的等级式关系，它扼杀了学生的主观能动性。高等教育服务理念要求教育者重新审视以前的师生关系，建立新的师生关系，这意味着教师要从改变角色意识、树立服务理念、提高服务质量、保证消费者满意度的角度来思考，因材施教。在学生看来，接受高等教育是对高等教育的消费，这意味着他们必须树立独立意识和自主观念，对自己的选择和行为负责，不能完全依赖学校和老师。这种新型的师生关系有利于在学生管理中形成平等的师生关系，促使他们互相尊重地交流。

4.教育服务理念为高校学生管理的评价提供新的依据

无论在什么条件下，任何一所学校的学生管理都有获得良好效果的预期。在不同时期，人们衡量学生管理质量的依据不尽相同。传统的教育理念从管理者的角度出发，管理质量意味着管理对象对组织的规定与要求的符合程度。这一视角使组织更关注效率，即用最小的成本获得最大的收益，而看不到不同的被管理者对同样的管理感知不到同样的质量水平。

在高等教育服务理念中，衡量教育质量的标准则主要是服务对象的满意度。这一视角更关注服务对象需求的满足度。与传统理念相比，这一理念已经意识到不同的服务对象会对同一产品感知到不同的质量水平。当学生或家长感知到满意的服务时，也就是他们对所有服务特征的期望都得到满足或超额满足时，他们对整体服务的感知为优质，并因此对学校和教师保持忠诚，从而对学校产生归属感。传统的强迫式管理方法必然会日益失去效力，这就促使学生管理者转变理念，认真研究学生，了解学生身心特点和需求，创新教育方法来满足学生需要，这样的教育服务理念为高校学生管理的评价提供了新的衡量依据。

第四节 "互联网+"时代下高校学生管理的路径创新

一、创新管理方式

（一）高校学生管理创新管理方式的必要性

1. 创新管理方式是培养高素质人才的需要

随着教育改革的发展，高校可以根据自己的特点制定管理制度和规则，但这些制度、规则不应违反国家的法律法规、大学生的成长规律、人性的特点。将管理学、法律学、心理学、青年学等有机结合起来，有利于形成理论上的创新。高校学生管理的最终目标是促进学生的全面发展，培养高素质人才，使其成为国家的建设者和接班人，这就要求高校在学生管理上进行管理方式的创新。

2. 创新管理方式是高等教育大众化的需要

自1999年高校扩招以来，招生规模不断扩大，学生人数不断升高，所谓的"精英教育"渐渐被大众化的教育模式所取代，大学生的整体素质和层次也在发生着巨大的变化，这对大学生管理工作是一个不小的挑战。高校学生管理工作只有积极创新，不断探索，才能适应高等教育大众化发展的要求。

3. 创新管理方式是服务学生的需要

高校在以管理系统为核心的前提下，综合利用各种服务机构，加强统一指导，为学生的成才提供一个更完整的、科学的、有序的体系和空间，使学校管理和服务快速和全面。高校管理体制下诞生的各种健康、充满活力的社区组织，创造了丰富多彩的高校文化，提供了更多的空间来提高学生的综合能力、改善学生的知识结构，并在学生的个性培训和素质发展方面发挥了积极作用。从统一管理的角度为学生的自我发展提供更优化的内部和外部环境，才能在高校不断扩招的情况下保证学生质量稳步提高。

（二）管理方式全面创新在高校学生管理中的应用

1. 高校创新发展战略的制定为管理方式全面创新指明了方向

高校在制定发展战略时，应找准切入点，突出特色，坚持特色办学，把有限的资源用于战略性、关键的发展领域，以发挥最大效用。高校优势来源于整合管理者内部所具有的专业特色优势、人才优势、学术科研成果、管理经验、资源和知识积累、整体创新能力等诸多因素。只有基于现有优势的战略才能引导高校获得或保持持续的战略优势。特色办学战略不应仅体现在某一学科或专业有特色，更应体现在尽可能多的领域有特色。

2. 创新文化氛围的营造是实现高校管理方式全面创新的源泉

各种创新活动都离不开高校创新氛围这个基础。如果在高校中，学生的思想僵化，思路不清、机械、呆板，满足于现状，不思进取，缺乏创新欲望、动机，对创新举动不予理睬甚至百般阻挠，就不可能形成浓厚的创新氛围。据研究，国内外的一些著名高等院校，其保持长盛不衰的活力之源就是独特校风的延续和更新机制的存在。

3. 技术创新是实现高校管理方式全面创新的手段

新型信息技术对教师的学科知识结构及掌握现代化教育技术的程度提出了更高的要求，并促进教学方法和手段的现代化及课程内容的更新，还影响了教学过程和人才培养的过程，对大学生的思维方式、行为模式、价值观念、政治倾向等都产生了深刻的影响。

4. 创新制度的设计是实现高校管理方式全面创新的保障

任何一个制度设计的终极目标都是要最大限度地激发人的积极性。高校必须承认个人在发展中的独特性，建立以人为本且有利于学生创新思维、创新能力培养的管理制度，这既有利于充分发挥学生的学习积极性，又有利于充分发挥教师的教学积极性。

5. 学习型组织的建立是高校管理方式全面创新的必然选择

随着我国高等教育向大众化发展，高校办学规模不断扩大，管理幅度和管理层次也相应扩大和增加，高校实际上已经成为一个复杂的组织系统，传统的金字塔式的组织结构已很难适应知识经济的要求。因此，高校应改变组织结构，建立一种有机的、高度柔性的、扁平的、符合人性的、能持续发展的、可充分发挥员工创造性思维能力的学习型组织。

6.坚持全时空创新

全时空创新即每时每刻、处处都在创新，使创新成为学校各个部门和师生员工的必备能力。这就要求在课程体系中增加创新能力的训练和综合实践课程，提高学生在亲身实践中发现问题、解决问题的能力，进而激发学生的创新灵感。

教师要更新教育观，转变教育思想，改变常规教学方法，把知识的最新成果及学术界正在争论的问题随时融进教学中，身体力行站在创新的最前沿。在全球经济一体化和网络化的背景下，高校应该考虑如何有效利用创新空间，在全球范围内有效整合创新资源，为己所用，实现创新的全球化，即处处创新。

7.落实全员创新

全员创新要求师生必须学习、学习、再学习，不仅要系统学习掌握基础的现代科学文化知识，而且要钻研某一专业的前沿领域，做到博与专、基础与特长的和谐统一；既要加强当前的阶段性学习，更要强调终身学习，不断增加新知识、新技能，保持良好的知识结构。高校学生管理人员再也不能像以往那样用传统的组织手段来指挥一群富有知识、渴望创造的教育工作者，必须不断探索高校学生管理中的新规律、新问题，研究现代化高校学生管理的新方法论，寻求新形势下行之有效的管理方法，努力增强高校学生管理的科学性和艺术性，不断提高管理成效，用信息化管理方式取代传统管理方式，并学习借鉴国内外先进的高校学生管理经验。

8.贯彻协同创新

维持正常的教学秩序，需要稳定的教师队伍和部门间的协同管理。目前，高校规模的不断扩大使得高校学生管理创新呈现纵向的多层次性和横向的多部门性，并且相互依存。无论从高校教育和教学管理的主体还是从客体来看，都不可避免地会出现利益和要求的多元化局面。高校学生管理中的协同创新行为是高校多个部门创新的组合过程，必须让所有参与协同的部门了解当前高校组织创新的实际情况，这不仅有利于单个部门的创新，而且能在创新的过程中增进相互的理解和信任。部门间相互协同创新，可增强高校的凝聚力，提高高校的管理效率和创新能力，最终实现解决矛盾、缓解纠纷、消除内耗，达到高校管理方式全面创新的目的。

二、网络的有效利用

（一）网络应用于高校学生管理的现状

为了使网络信息技术能很好地被学生所应用，我国许多高校的校园网络平台不断完善。

特别是近年来，校园网络开始被广泛使用。作为最先进的通信手段，网络开放、全面、互动的特性使更多的沟通机会和开放通道在不同文化之间得以实现，给社会的发展带来巨大的推动力，也带动了人类的发展。网络信息是相对复杂的，虽然有很多的好的、健康的信息，但也有一些反动的迷信信息。相关统计数据显示，超过60%的学生暴露在一个并不健康的网络信息环境之中。不健康的信息对学生的思想道德和行为会造成负面影响，因此，建设一个绿色的校园网络平台是十分必要的。

1. 有助于掌握学生的思想道德状态

思想政治教育工作人员或者班主任能够利用这项技术更真实、迅速地了解学生，在开展学生思想政治工作的过程中能够更加有针对性，尤其是一些能够引起学生普遍关注的社会和校园热点问题。随着"互联网＋"时代的到来，许多学生喜欢将自己的思想观念以电子数据的形式反映在网络上，互相之间进行讨论与交流。因此，教师可以利用网络平台第一时间获得学生的真实想法，及时发现学生的思想波动与误区，给予学生正确的引导。

2. 有助于改进思想道德教育模式

传统的教育方式注重老师在课堂上的指导或实践经验的传授。这种教学模式存在很多弊端：一是没有认识到思想政治教育的作用在学生之间存在差异；二是尽管学生理解老师在激励自己，但由于自身缺乏经验，教师给予学生的解释很难被接受。面对这样的情况，利用网络平台对学生进行思想政治教育，为学生提供各种各样感染力十足的素材，可使学生不再感到无聊并积极接受。此外，在学生思想政治教育过程中，网络平台可以更快地传递信息。

3. 有助于净化思想道德素质教育内容

在"互联网＋"的时代下，更多的网络技术和信息被广大学生所应用和认知，但由于学生自控能力通常较低，学生很容易受到污染，让不健康的信息影响自己的思想道德修养。在此背景下，学校网络平台的建立能够很好地解决这个问题。学校网络安全系数较高，可在学生思想政治教育过程中大力推动绿色教育，坚决抵制不健康的信息，这在一定程度上可以改变学生的思想，引导学生自觉抵制不健康信息。

4. 有助于拓宽思想道德教育的视野

现阶段，随着网络技术的不断发展，网络平台已经实现了在第一时间收集世界各处的信息，不受空间和时间的限制，传统信息沟通方式不能解决的问题得到了有效的解决。因此，学校网络平台的建立，能够给思想教育提供更加宽广的平台。学校网络平台在对学生进行思想政治教育的过程中，学生能够及时下载自己所需要的信息，网络平台会详细记录并存储学生的思想发展情况。高校利用网络的特点对学生进行思想政治教育，解决了传统思想教育的时间、空间桎梏，给学生提供了开放性、全社会的教育空间。相关人员在对学生的心理进行分析时发现，在教学时，通过听觉与视觉相互结合，能够将学生认识事物的能力提升65%。因此，应充分利用网络信息的优势，不断扩展思想政治教育的渠道和空间，拓宽学生思想政治教育的视野，为大学生提供更为有效、更为新颖的思想教育方式，丰富学生的思想。

（二）网络对高校学生管理的影响

随着信息技术的发展，互联网作为一种新媒体已经成为大学生生活中不可或缺的一部分，已经很难找到不上网的学生，网络行为越来越成为大学生的一种生活习惯。作为网络的主要使用者，大学生倾向于在互联网上发表各种各样的观点，并通过网络表达对与自身密切相关的事情的意见，吸引关注。在实践中，网络技术也被应用在高校学生管理，它带来了一定的机遇，同时也伴随着挑战。一方面，网络技术的应用使学生管理效率更高，更加便利化和人性化；但另一方面，网络虚拟化特性对高校学生管理中的工作人员提出了新的要求，使高校学生管理环境复杂化。如何利用网络这把"双刃剑"，充分发挥其独特的优势，是高校学生管理实现新突破的关键。

（三）利用网络平台强化对学生的管理

网络平台对强化学生管理有显著的作用，主要体现在以下四个层面。

1. 强化了学生思想管理

学校利用网络平台，可以将社会上最新的消息传递给学生，使学生第一时间接受先进思想的引导。例如，可以利用《人民日报》的中文网站进行消息的获取。自从该网站建立之后，每天都会被浏览近十万次，有一亿多字会被读者进行提取，可见其功能之强大，也从另一层面映射出来网络的重要性。

此外，学生在学习过程中会经常遇到种种困难，思想波动的情况时有发生，教育人员可以利用网络实时关注学生的思想变化情况，将学生反映出来的情况及时地进行汇总，制订合理的思想管理方案。

2.强化了学生心理健康教育

不管是哪一个阶段的学生，都容易出现心理上的波动，这对学生的身心会产生负面影响。加之网络技术的出现，虽然拓宽了学生的视野，但也有很多学生因为迷恋网络而迷失了方向。面对这样的情况，学校利用网络平台对学生进行正确的引导，用健康的网络信息来代替那些有害的网络信息，通过网络信息对学生的心理进行有效的指引。

3.强化了学生学习管理

随着教育改革的深入，传统的教学方法已经难以适应社会的发展，学校的网络平台可丰富学生的课堂内容，为学生提供更积极的课堂氛围。学生将个人信息和学习情况输入网络平台，可以使教师及时掌握学生的学习情况。如果学生无法理解一些知识要点，通过网络可以及时向老师寻求帮助，老师会回答学生们的问题。在某种程度上，网络平台使得老师可以及时管理学生的学习，在学生与老师之间架起了一座桥梁。

4.增强了学生的凝聚力

现在很多学生都是独生子女，他们以自我为中心的意识很强，缺乏团结精神。面对这样的学生，班级管理者经常力不从心，管理起来十分吃力，学生管理十分混乱，严重影响学生各个方面的发展。但随着网络平台在高校中的应用，老师可以通过网络信息及时了解学生的问题，有针对性地解决问题。教师还可以利用网络平台建立行动小组活动，使学生通过集体活动增进彼此之间的友谊，增强学生的凝聚力。

（四）"互联网＋"时代下高校学生管理的新举措

1.开拓网上思想政治教育阵地，加强对学生网络民意的疏导

网络具有开放性，完全打破了现有国家、社会之间的限制，将世界各国紧密联系在一起，不同意识形态之间的思想冲突和文化冲突达到了前所未有的程度。一些别有用心的西方国家借此机会通过网络平台对中国进行意识形态的渗透，大力宣传西方的文化理念、政治制度等，散布影响社会稳定的言论和信息，试图以此削弱我们对马克思主义和列宁主义等主流思想的信仰，淡化我们的民族意识。

一些三观尚未成熟的大学生在这种强烈的多元文化冲突下逐渐迷失了自我，对原来的主流思想产生了怀疑，造成了他们价值观念的偏离，出现了极端的个人主义、拜金主义等问题。一方面，高校学生管理者要占领网络高地，通过网络平台创建红色网站，在校园网建立理论特区，构建思想政治教育阵地。另一方面，高校学生管理者应高度重视大学生网络民意的表现，密切把握大学生思想动态，对大学生关注的重点、难点问题在网上及时回应，做好指导。高校学生管理者要深入学生喜欢参与交流和讨论的网络社区、网站等，积极与学生交流，及时了解大学生的思想情况。特别是对于一些学生关心的意识形态等敏感问题，要及时在网上进行旗帜鲜明的正面引导，注意在引导过程中坚持柔和的交流态度。同时，高校学生管理者应尽量团结网上骨干活跃分子。在网上敏感话题的争论中，网上骨干活跃分子的行为对一般网民具有巨大的影响力，应积极发挥他们的正面影响力，让更多的网民理性地看问题、成熟地思考问题。此外，高校学生管理者要建立网络舆论突发事件应急机制。在突发事件发生后，通过网络上广泛、快捷、覆盖面大的信息平台将真实情况直接发送给所有学生，提高组织传播效率，减少信息多层传输过程中的人为缺陷，避免学生被不实信息误导，防止引起更大的混乱。

2. 增强学生网络法制与网络文明意识，加大网络文明建设力度

当前，我国关于网络的相关法律法规并不完善，高校网络文明建设力度不足，社会对大学生的网络行为缺乏正确、有效的引导，导致大学生的网络法治意识与网络文明意识普遍不强，造成大学生网络行为规范的缺失。高校作为大学生网络法制与文明建设的主要场所，并未有效占领网络法制文明系统建设的前沿阵地，未能形成良好的校园网络文化氛围。针对这一现象，首先，国家要根据网络发展的新情况和新问题，及时制定和出台一系列能适应网络环境快速发展的法律法规，不断提高打击网络犯罪与网络不文明行为的能力。高校学生管理人员要加大对学生开展网络普法教育、网络安全教育和文明上网教育的力度，积极引导学生以遵纪守法为荣，指导学生对有关网络法律问题进行主动思考，如利用社会上的一些典型案例教育学生触犯法律所应承担的法律责任，以示警醒；同时，可在学校相关网站或微信公众号上开辟寓教于乐的法制教育网页，设立在线互动答疑栏目，发动学生积极参与对网络违法现象与不文明行为的深入探讨，在潜移默化中提升大学生的网络法制与网络文明意识。其次，必须坚持他律与自律有机结合，倡导在学生群体中形成互相监督、合法文明使用网络的氛围。杜绝学生对网络违法与不文明行为的互相包庇，使学生分散的网络文明行为凝聚成有组织的共建网络文明的行动。在这一过程中，应充分发挥学生党员的模范带头作用，培养一支学生党员队伍充当网络文明使者，利用他们来自学生、便于与学生沟通、易于被学生接受认可的优势，引导好大学生的主流价值观，使他们肩负起宣传网络法律法规、倡导网络文明的重任。

3. 建立一支具有"互联网＋"时代创新意识与过硬网络技能的学工队伍

网络信息技术的快速发展对传统高校学生管理理念和方式提出了新的要求，高校学生管理面临的环境发生变化，这是新时期高校学生管理必须正视的现实问题。学生管理者要有足够的能力应对新的教学管理环境中出现的新问题，就必须增强自身的信息素质，提高现代网络技术应用能力，充分利用网络资源优势，拓展高校学生管理的工作空间，增强学生管理的针对性和实效性。作为高校学生管理者，要占领网络高地，构建自己的网络结构；注意网络社团、微博、QQ等网络媒体在工作中的运用，实现班级管理网络化，提高工作效率，给大学生直接接近管理中心表达意见的机会，从而改变以前的信息失调现象；在其他具体管理工作上，要改变措施脱离现实的被动局面，增强学生管理的针对性和科学性。

此外，本着传统的教育理念，学生对老师既虔诚又敬畏，无法在老师面前敞开心扉，真实地表达自己所想。网络隐秘性和虚拟性的特点，使网络沟通少了现实面对面交流的尴尬和顾虑，目前绝大多数学生都热衷于通过网络平台进行自我表达。这种情况使得管理者对学生思想的把握难度大，问题的发现难度大，长期以来师生关系也渐行渐远。因此，管理者要更加关注学生在网上发布的信息，及时掌握学生的思想动态，从而对症下药，将一些不良思想抑制在萌芽状态。

针对传统的、低效的教学管理环境，当前高校教学管理成败的关键是管理者能否在第一时间准确地获得高质量的信息，只有在认识充分的情况下才能做出正确、有效的决定。

4. 充分利用网络资源，提高对学生的服务质量

在实践中，网络技术与资源在高校学生管理中的应用还处于初始阶段，很多都停留在"面子工程"的形式上，没有落到实处。管理者要切实在网络上开展学生管理，就必须坚持管理与服务相结合的原则。一方面，要加大校园网络的信息量。在校园网络平台上，除了能查询到学校的各种方针政策、规章制度和通知等常规信息外，还应包含各种大学生常用的学术、社交生活网络资源。高校应努力把校园网络建设成为一个便于大学生学习、生活的综合性平台。另一方面，高校应拓展针对学生的网上服务空间，如开展网上心理咨询、网上就业信息咨询、勤工俭学信息查询、网上社团活动，努力利用网络自身具备的优势消除某些管理

工作或服务在现实操作中的局限性，开创高校学生管理的新局面。部分学生不太善于交流和沟通，而网络可以为了解学生心理动态和进行心理咨询提供一个全新的平台。通过网上心理咨询服务，可以消除面对面的尴尬，避免现实交流带来的障碍，使学生敞开心扉地宣泄内心的情绪问题，从而使教育管理者可以"对症下药"，准确地引导学生的行为，为更顺利地开展学生心理工作提供良好条件。

5. 注重网上管理与网下管理的结合

高校学生管理工作人员要明确，无论信息技术发展多么迅猛，网络技术与高校学生管理如何紧密结合，学生管理依旧不是虚拟工作，而是现实工作。利用网络平台开展高校学生管理，必须注重网上管理与网下管理相结合，以情感感化人。同时，加强校园软件和硬件建设，并增强现实空间对学生的吸引力。

很多大学生沉迷于网络虚拟空间，主要是因为在现实世界中，他们的很多想法和要求都得不到满足，只能在虚拟世界中寻求安慰。为了改变这一局面，学校应更多地开展受学生欢迎、学生容易接受的校园文艺活动，尽量让所有学生的心理诉求在现实中得到满足，给他们平台和机会，从而增强现实对校园学生的吸引力，提高学生的幸福体验。

综上所述，随着"互联网＋"时代的到来，人们在生活和学习的各个领域都能看到互联网的影子。互联网以其多种功能不断丰富人们的生活和经验，有效传播各种思想和信息，在学生管理中必将发挥不可替代的作用。现阶段，不少学校鉴于学生不断增长的网络需求和互联网极强的功能，逐步搭建了网络平台，提高了工作效率。

参考文献

[1] 崔丽丽. 互联网时代高校教学改革与实践探究[J]. 文理导航（下旬），2017（8）：22.

[2] 刘一虹. "互联网＋"时代创新高校教育管理的思考[J]. 知识经济，2017（6）：167-168.

[3] 林凌敏，浦玉忠，任玉荣. "互联网＋"时代下的高等教育发展研究[J]. 育理论与实践，2016，36（30）：9-11.

[4] 李琼严. "互联网＋"时代的高校基建档案管理模式研究[J]. 山西档案，2015（6）：100-102.

[5] 向宇森. 基于移动互联网的大学生思想政治教育实效性研究[D]. 重庆：西南大学，2015.

[6] 蒋丽丽. 互联网时代高校教育管理模式探索[J]. 新闻战线，2015（6）：87-88.

[7] 刘春生. 浅论互联网思维下的高校班级管理发展趋势[J]. 才智，2014（34）：17＋19.

[8] 黄玮. 互联网新媒体下的高校学生管理工作研究[J]. 新闻研究导刊，2017，8（15）：284.

[9] 付萌. "互联网＋"时代高校教育管理新模式初探[J]. 西部素质教育，2017，3（9）：25.

[10]王周红. "互联网＋"背景下高校教育管理模式创新与启示[J]. 中国成人教育，2017（8）：37-40.

[11]李寿. 高校教育管理流程再造与优化对策[J]. 西部素质教育，2019，5（13）：96.

[12]江明菊. 流程再造视野下的区域教育科研管理策略探析[J]. 教育科学论坛，2020（10）：29-31.

[13]邓果，谭冬霞. 高校教育管理信息化发展状况和对策建议[J]. 中国教育

信息化，2020（13）：71-74.

[14]陈自礼. 高校教育管理流程建设与发展研究[J]. 求学，2020（35）：53-54.

[15]刘鹏程. 高校教育管理质量保障路径研究[J]. 黑龙江教师发展学院学报，2021，40（2）：13-15.

[16]李远，王旭，周晋. 商学院教育管理信息系统一体化建设实践[J]. 中国教育信息化，2021（7）：52-55.

[17]刘瑛慧. 解析高校教育管理提升的可行性空间[J]. 现代职业教育，2019（18）：232-233.